人类思维的
自然史

A NATURAL HISTORY OF HUMAN THINKING

从人猿到社会人的
心智进化之路

〔美〕迈克尔·托马塞洛 著
（Michael Tomasello）

苏彦捷 译

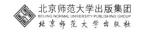

北京师范大学出版集团
BEIJING NORMAL UNIVERSITY PUBLISHING GROUP
北京师范大学出版社

中文版序

从古希腊开始,西方知识体系中的个体主义导向已初见端倪。它不仅影响了哲学,尤其是以英语为母语的西方世界中的分析取向,也浸染着19世纪才开始作为一门独立学科登上舞台的心理学。

然而,这种形势正在发生改变。在哲学界,过去的几十年见证了一种新范式的涌现,它尝试对人类的共享意图(或称为集体意图)进行描画。诸如约翰·塞尔(John Searle)、迈克尔·布拉特曼(Michael Bratman)和玛格丽特·吉尔伯特(Margaret Gilbert)这些有影响力的哲学家都加入了这一行列,并部分揭开了相关活动中涉及的参与方式。而与之密切相连的人类活动虽然从表面上看充满了个体主义色彩,但背后的社会关系、文化习俗、规范和制度在其间扮演的角色决定了这仅仅是一种可能。本质上,人类独特心理的深层结构浸染着很强的社会性成分和文化底色。

在心理学界,这种变化由演化取向推动。对比人类及其灵长类近亲的演化会清楚地发现,其间涉及的重要差异都源自人类独特的互动形式,尤其是人类乐于从事的多种形式的合作,其中也包括人类独具的合作性交流，其使得人类群体可以借助合作创造出任何个体所无法独自创造出的各种事物，这在电脑和摩天大楼这类创造中体现得尤为明显，当然也体现在更为基础的人类能力当中，如习俗性语言交流和借助道德准则进行的自我调节。

《我们为什么要合作》以 2008 年我在斯坦福大学"泰纳讲座"（Tanner lecture）上所讲内容为蓝本。当时的讲座主要针对普通听众，其核心观点在于，相比其他灵长类，人类具有超强的合作性。幼儿似乎天生就会合作，实际上，成人的社会化引导和训练并不会在其间起到多大的效果。当然，这并不是说成人的社会化训练是不重要的，它确实重要，但只是对那些年龄大一些的儿童。儿童可以不避困难地去帮助别人达成目标，也可以和他人合作以达到共同目标，他们在此类任务中表现出的一般性合作天性并不是社会化训练带来的。本书中提到的很多研究都致力于描述人类的这种适应合作的独特方式。

《人类思维的自然史》面向的读者更多的是学术界同人。它的核心观点是，人类思维的独特形式立足于灵长类思维（类人猿在问题解决情境中也会进行思维推理），但随着演化的推演其又逐渐超越灵长类思维。使人类思维得以超越的原因在于社会过程的融入，社会性成分和交流成分的参与使得人类有能力形成视角性认知表征（同一动物既可被称为狗，也可以被称为宠物）和进行递归思维。例如，那些管控推理过程的规则，只要不是自我矛盾，皆来自社会这一统一整体中，本质上，是它们限定了某一文化背景下的理性。本书以暗喻开头，指出人类思维就如同一个爵士乐演奏家私下即兴表演的一个新曲目。无毋置疑，这是个体活动，但如果没有创造乐器、乐理的先辈以及构成制作音乐过程中重要一环的观众，这个所谓的"个体活动"就无法实现。

我不是跨文化心理学方面的专家，但通过阅读一些相关研究，我知道连同中国在内的很多东亚国家的文化都更偏向于集体主义，而这同我自己成长和学习的文化环境并不一样。所以，对于中国读者来说，我这里的很多观点可能都是显而易见的。但无论如何，我仅着眼于论证相关知识的准确性，同时希望即便是拥有集体主义思维和行为方式的东方读者，也能在同人类社会互动和思维这些基础过程相关的问题上有所启发。

迈克尔·托马塞洛

Michael Tomasello

2016 年 7 月 7 日

Preface

From its beginnings in Ancient Greece, the Western intellectual tradition has had a decidedly individualistic orientation. This is true both in philosophy, especially in the analytic tradition of the Anglophone world, as well as in psychology since its birth as an academic discipline in the 19th century.

But things are beginning to change. In philosophy, an important new paradigm has emerged in the last few decades that attempts to characterize human shared (or collective) intentionality. Influential philosophers such as John Searle, Michael Bratman, and Margaret Gilbert have uncovered some of the many ways in which human activities that, on the surface, seem individualistic are in reality only possible because of the underlying social relationships and cultural conventions, norms, and institutions that support and structure them. The "deep structure" of uniquely human psychology is essentially social and cultural.

In psychology, the change is being instigated by evolutionary approaches. When looking at the evolution of the human species in comparison with that of its nearest primate relatives, it is clear that the most important differences derive from humans' unique forms of social interaction. In particular, humans seem to be much more inclined to engage in various kinds of cooperation, including unique forms of cooperative communication. This enables human groups to create all kinds of things collectively that no individual could create on its own. This applies most obviously to things such as computers and skyscrapers, but it also applies to more basic human competencies such as conventional linguistic communication and individual self-regulation via the society's moral norms.

Why We Cooperate is based on my Tanner Lectures delivered at Stanford University in 2008. The argument here-formulated for a more general audience-is that in comparison with other primate species humans are inordinately cooperative. Young children seem to be cooperative from the beginning, and indeed adult socialization and training does not seem to have much effect. This is not to say that adult socialization is not important-it is-but only for older children; it does not create young children's generally cooperative nature that shows up both when they go to some trouble to help others fulfill their goals, and also when they collaborate with one another to achieve common goals. Much of the research reviewed in this book illustrates the unique waysin which humans are adapted for cooperation.

A Natural History of Human Thinking is aimed more at an academic audience. Its central claim is that uniquely human forms of thinking are built on a primate base-great apes do indeed think in order to solve problems-but then it goes well beyond this. What enables human thinking to go beyond general primate thinking is its incorporation of social processes. It is social and communicative engagement with others that enables humans to, for example, form perspectival cognitive representations (so that the same animal may be called either a dog or a pet) and to think about thinking recursively. And the norms that govern human reasoning processes, for example, not to contradict oneself directly, are norms that come from the society as a whole and, in essence, define what it is to be rational in the culture. The metaphor used to open the book is that human thinking is like a jazz musician improvising a new tune in private. It is individual activity, of course, but it is made possible by a cultural history of jazz music that has created the instruments, the basic patterns, and the audience that constitute this particular way of making music.

I am no expert, but from what I read in cross-cultural psychology, China along with many other East Asian countries are much more"collectivist"cultures than those in which I have grown up and studied. It is thus possible that many of the things I argue for in these texts are obvious to Chinese readers. But obvious or not, I only argue for their accuracy,

and I hope they do provide some measure of insight into the basic proces-
ses of human social interaction and thinking, even for readers who are al-
ready steeped in collectivist ways of thinking and acting.

Michael Tomasello

2016. 7. 7

目　录

前　言

　　这本书同《人类认知的文化起源》(Harvard University Press，1999)同 　IX
属一个系列，或者说可以称为它的前篇，但相比后者，本书的重点稍许
不同。《人类认知的文化起源》着重探讨什么导致了人类认知的独特性。
答案是文化。由于在各种文化产物和实践(包括一种常规语言，当然还
有掌握它们所必需的文化学习技能)的包绕下成长成熟，人类个体发展
出独特而强大的认知技能。个体不断地内化他们所面临的文化产物和实
践，而这些逐渐积累的内化内容则成了人类与世界认知互动的中介。

　　虽然本书讨论的内容同《人类认知的文化起源》亦存在一定的重叠，
如都探讨什么导致了人类思维的独特性，同时对此问题的回答也都强
调人类合作性这一重要基础，然而，期间存在的细微差别却让本书成
了一本完全不同的著作。《人类认知的文化起源》受制于类人猿同人类
比较研究提供数据的有限性，所以显得很"狭隘"。例如，当时我们认
为"只有人类才能把同类个体当作具有独特意图的他人进行理解，进而
使得人类文化的出现成为可能。"现在看来，此类观点太过简单。类人
猿似乎并不像我们先前认为的那样不能把其他个体当作具有意图的有机

X 体来看待。然而，即便如此，它们仍不能发展出像人类一样的文化或认知。基于本书报告的一些研究结果，我们认为，产生这种差异的原因似乎在于，人类不仅可以把他人当作一个具有自身意图的个体，更能在共享意图参与的行为中同他人保持协调，这可以从合作性问题解决到复杂文化制度等一系列事物中体现出来。所以，相比把文化看作一个传递的过程，本书更着眼于把其看作一个社会协调的过程，我们认为，现代人类文化的产生之所以成为可能，主要受益于人类早期合作狩猎等简单任务完成过程中所需要的相互协调这一演化动力。

　　本书主题特别要关注思维，意味着我们在这里将不仅仅着眼于论述那些已在别处提及、连与人类关系最近的灵长类动物也不具有的共享意图这一内容，我们更要探究思维过程背后涉及的内容。为了更好地揭示这些思维过程的本质，尤其是把其同类人猿的相应过程区分开来，我们将重点论述思维过程中涉及的认知表征、推理、自我监控等成分。共享意图假设（shared intentionality hypothesis）认为，上述三个成分（认知表征、推理、自我监控）在人类演化史上经历了两个关键阶段的变革。从根本上说，这些变革都是对合作压力日渐提高的生活方式的适应；直接推动原因则是社会互动及组织形式这一宏观背景的变化。为了更好地生存和繁衍，人类在演化史上被迫两次去探寻合作性活动中人际协调、合作性沟通中不同意图状态协调的新方式，随之而来的则是人类思维发展史上的两次重要变革。

　　同其他书的写作一样，本书在写作过程中得到很多人和机构的帮助，在这里我首先要感谢匹兹堡大学科学哲学研究中心[尤其是中心主任同时也是杰出领导者的约翰·诺顿（John Norton）]在 2012 年春天给我提供了一学期的时间，让我得以集中精力完成这本书，同时在这里我也遇到了"慷慨"的鲍勃·布兰顿（Bob Brandom），书中很多重要内容的写作都受益于他的启发和帮助。另外，我也要感谢给了我很多宝贵建议的匹兹堡大学心理学院的西莉亚·布劳内尔（Celia Brownell）和卡内基梅隆大学的安迪·诺曼（Andy Norman）。除此之外，当年夏天我参加了由吉姆·科南特（Jim Conant）和塞巴斯蒂安·罗德（Sebastian Rödl）在柏林组织的 SIAS 夏季学院，并在其间报告了这本书的主题"第二人：比较研究的视角"，收获颇多。总的来说，因为有了上述机构和个人的帮助，这本书才得以更加完善。

在本书定稿的过程中，很多人付出了辛勤的汗水，这里我要感谢拉里·巴塞罗（Larry Barsalou）、马蒂亚·加洛蒂（Mattia Galloti）、亨里克·摩尔（Henrike Moll）、马科尔·施密特（Marco Schmidt），他们分别阅读了本书草稿的不同章节，并提供了很多非常有用的反馈；理查德·摩尔（Richard Moore）和汉斯·拉克兹（Hannes Rakoczy）则在校对初期通读了整本书稿，在书的内容和设计呈现上提供了很多宝贵建议，此外，还要感谢来自哈佛大学出版社的伊丽莎白·诺尔（Elizabeth Knoll）和另外三名审阅者，他们在本书校审的最后阶段提供了很多建设性意见。

最后，我尤其要谢谢我的妻子丽塔·斯维特洛瓦（Rita Svetlova），她在本书书稿写作的全程给了我很多细节性同时带有批判性的评价和建议，此外，很多想法因为和她讨论变得更加清晰；很多蹩脚的表达因为她的慧眼得以变得顺畅。

/ 第一章　共享意图假设 /

> 人类理智的产生离不开合作。
>
> ——皮亚杰，《社会学研究》(*Sociological Studies*)

"思维"活动是个体独自的狂欢吗？对于很多动物来说，答案是肯定的。但对于人类来说，思维过程不仅仅牵涉到个体自身，反而更像是一个爵士演奏者的即兴表演：他使用的乐器由他人制造，表演曲目的编排有前人留下的固定套路，能够登上舞台也经过了其他演奏者的反复指导。所以说，他的表演不仅仅是自己的表演，更是融入了周围他人"存在"的表演。我们的思维活动亦是如此，它的发生往往嵌套在一定的社会文化背景之中，而非与世隔绝的空中楼阁式思维。

那么人类这种独特的社会浸入式思维是如何产生，又是怎么工作的呢？有研究者指出，人类文化及相应的人工产物在其间扮演了重要角色。例如，黑格尔(1807)认为，人类特定历史文化背景下的社会实践、制度、意识形态等因素塑造了个体思维的基本框架(Collingwood，1946)；皮尔斯(Peirce，1931—1935)则更进一步指出，诸如数学、逻辑等几乎所有人类比较复杂的思维形式的产生，背后都浮现着人造符号的身影（数字、逻辑规则）。此外，维果茨基（1978）则强调，人类儿童的成长过程往往亦是被所处文化中的工具、符号等一系列人造物所浸染的过程，这些文化产物，尤其是语言符号，往往在儿童来到这个世界之初就为他们确定了这个世界的组织形式，儿童成长过程中要做的就是内化这些符号的使用，进而通过类似"内部对话"（人类思维框架原型）的形式了解和建构这个世界（Bakhtin，1981）。

2　　另有一派研究者则认为，对文化和语言产生具有重要作用的社会协调过程，在人类思维发展中起首要作用。米德（Mead，1934）指出，在人类互动过程中，我们往往可以站在对方的角度思考，并依据这种思考调整自己的想法或行为。皮亚杰（1928）则主张，这种角色采择和观点采择能力，连同个体的合作倾向，不仅使人类文化和语言的产生成为可能，亦使个体对群体规范的遵从性思维发展成为可能。实际上，经过漫长的社会实践和经验判断过程，人类会形成一套关于语言习俗和文化规则使用的模板，只有那些符合模板的使用才不会显得另类，进而产生人际价值，维特根斯坦（Wittgenstein，1955）则具体阐述了其中几种不同的适宜使用的方式。对于上述研究者，我们可以把他们称为"社会基底理论家"（social infrastructure theorist），因为他们都认为，语言和文化不是人类与外界产生超社会性（ultrasocial）认知联结的充分条件，仅仅是对后者的锦上添花。

总的来看，上述研究者的观点很有启发性，然而，近几年理论和实证研究中的一些新发现对上述解释构成了挑战。已有实证研究，尤其是过去十年来的研究发现，在一些非人灵长类动物身上亦存在复杂的认知能力(Tomasello & Call, 1997；Call & Tomasello, 2008)。进一步说，人类的近亲类人猿已经能够通过类似人类的方式理解物理和社交世界的许多方面，如对因果关系及意图的理解。这也意味着，人类思维的很多重要方面可能并非起源于人类特有的社会性、文化、语言等组织形式，而是源于近似类人猿问题解决能力的相关机制。

另有一些实证研究证据来自于还没有被文化和语言全面浸染，尚处于前语言阶段的人类婴儿被试。虽然没有太多同外界互动的经验，但他们已经可以完成一些类人猿不能完成的认知加工操作，进而有能力进行后者在某种程度上尚无法完成的社会性互动，如共同注意、合作性沟通(Tomasello et al. , 2005)。人类婴儿——这种尚处于前文化和前语言阶段的生物体——具有的认知独特性似乎佐证了社会基底理论家们的假设：人类思维的重要方面并非起源于文化和语言，而是立足于人类社会性参与(social engagement)过程中涉及的某些更深和更基础的形式。

在理论层面，行动哲学(philosophy of action)的最新研究进展，为 *3*
我们思考人类独有的社会参与性的深层和基础形式提供了强有力的方法。少数行动哲学家探究了人类如何在需要共享意图或"我们"(we)意图参与的行为中同他人协同思考(Bratman, 1992；Searle, 1995；Gilbert, 1989；Tuomela, 2007)。具体来说，当个体参与群体性活动时，他们会形成共同目标和联合注意，之后各自在群体中的角色和立场逐渐确立，形成初步的行为协调规范(Moll & Tomasello, 2007)。此外，群体活动中的共同目标、联合注意，乃至更为抽象的文化实践及产物（如文化制度）之间都是一脉相承，非彼此孤立的，而他们之间联系的基础则起源于社会习俗及社会规范的共同建构（Tomasello, 2009）。总的来看，人类与其他灵长类动物不同，他们懂得彼此协调，进而使一个个"我"变成"我们"，形成诸如合作性狩猎群体及文化制度等复杂的群体组织形式，不断地创造出新的人类文明。

同上述理论相对应，研究者关注的另一个重要内容是合作性沟通。作为人类合作活动和共享意图的一种重要表现形式，合作性沟通涉及一系列特殊的意向思维和推理过程，这些过程最先由格赖斯（Grice, 1957, 1975）提出，之后则被其他研究者不断扩充和修正（Sperber & Wilson, 1996；Clark, 1996；Levinson, 2000；Tomasello, 2008）。在合作性沟通过程中，沟通主体会通过外部沟通工具对沟通场景及指向事物进行概念化操作，以便传递给沟通对象，收到信息后，沟通对象则会尝试确定为什么沟通主体认为所传递信息会与自己有关。这种类似"对话"的过程不仅需要支撑共享意图的相关技能和动机的参与，亦离不开人际意图判断涉及的一系列复杂推理（递归推理）过程。总的来看，人类对语言的娴熟运用，以及前语言阶段婴儿对肢体语言的运用，彰显出人类沟通的独特性。而此类沟通背后常存在着一些预先假定。例如，沟通参与者之间存在着一个共享的概念框架系统、沟通过程中参与者能够理解彼此的意图和观点。

上面提到的理论和实证研究进展为我们细化建构人类社会性认知模型提供了可能，而人类思维的社会性层面内容也恰恰是本书关注的焦点。日常生活中，尽管人类和动物可能会通过演化而来的启发式策略(第一系统加工)①解决问题和进行决策，但我们至少和某些动物一样可以通过思考(第二系统加工)来解决很多问题。具体研究中，着重突出思维研究是很有价值的，它可以使我们集中于某种单一但包含很多重要成分的认知加工过程，这些成分包括：

(1)"离线"表征经验的能力；

(2)通过模拟或推理对表征进行归因/意图/逻辑操作的能力；

(3)自我监控的能力及通过模拟事件发生进而做出深思后决策的能力。

显而易见，同其他物种相比，人类的思维有一定的独特性。但传统思维理论往往很难描述这种独特性，这主要囿于此类理论的预设假定：思维过程的很多重要成分是演化的产物。所以，本书主要着眼于人类思维的社会性层面内容。在此前提下，我们可以说，虽然很多物种可以在一定程度上对情境和实体进行抽象表征，但只有人类能够对同一实体或情境进行不同甚至相互冲突的表征(最终使人类的"客观"感成为可能)；相似的，虽然很多动物能够对外界事件进行简单的归因和意图性推断，但只有人类能够对自己或他人的意图进行社会递归和自我反思性推理；虽然很多动物能够监控和评估自己的"功利性"行为(如猎食——译者注)，但只有人类能够从他人或社会规范(标准)的角度进行自我监控和评估。这些基本的社会性差异让我们得以标定人类的不

---

① 这里的"第一系统加工"和"第二系统加工"分别对应于卡内曼(Kahneman，2011)提到的系统 1(system 1)和系统 2(system 2)里面的认知加工模式。——译者注

同思维方式，为简略起见，我们把其称为"客观-反思-规范性思维"（ob-jective-reflective-normative thinking）。

在本书中，我们将尝试重新建构人类"客观-反思-规范性思维"的演化起源，这里我们提出"共享意图假设"（shared intentionality hypothesis），用以解释人类思维具有的独特性表征、推理及自我监控机制。依据该假设，我们认为，人类的独特性思维是为了解决社会协调问题，尤其是处理个体尝试同他人合作和沟通过程中所带来的压力这些适应的产物。尽管人类的祖先类人猿是社会性动物，但它们常常独自生活，同时个体之间更多的是竞争关系，所以它们的思维更多围绕着个体目标的达成。相比而言，早期人类生存的生态环境已经迫使人类转向合作的生活方式，这使得人类的思维更多地服务于如何同他人合作，以便达到共同或群体目标，而恰恰是这种变化，造就了人类的不同。

人类思维的演化有两个关键步骤，第一步对应了诸如米德和维特斯根斯坦这类社会基底理论家们的观点，主要涉及人类狩猎过程中小范围合作的出现。个体在这种合作性狩猎过程中建立起共同目标和联合注意，使得群体生活过程中个体角色和视角的确立成为可能。为了更好地协调这些被赋予的新角色和思考问题时的视角，人类演化出指示和手势语（pantomiming）①这类新的合作交流形式。在这种交流中，个体首先发出同合作任务相关的注意或意向性想象信号，接收到该信号后，他的伙伴则会推论信号所包含的社会性意图。为了对这个过程进行自我监控，

---

① 这里指以手的动作和面部表情表达思想、进行交流的手段，多伴有躯体动作。在本书中，做名词时译为手势语，做动词时译为打手势。——译者注

信息发出者必须提前模拟发出的信息可能引发信息接收者的推理反应。源于这个层面上的合作和沟通发生于事后个体之间，也就是说它是从第二人的视角评估"我"和"你"之间的社会参与，我们可以把这整个过程称为"**联合意图性**"（joint intentionality），具体到思维过程中，则涉及观点与符号表征、社会递归性推理以及"第二人"视角下的自我监控。

演化的第二步对应了维果茨基和巴赫金（Bakhtin）这类文化理论家们的关注焦点，它伴随人类规模扩充及个体间竞争的加剧而产生。竞争意味着人类群体生活中需要合作的活动增多，逐渐形成规模更大同时更为持久的共享世界，也就是说，"文化"开始出现。随之而来的文化群体内部成员群体性思维的压力则需要人类发展出一种新能力，以便利用文化约定、文化规范、文化制度等内容建构共同的**文化基础**。作为这个过程的一部分，合作性沟通更多地转向习俗化语言沟通。在群体决策过程中的合作化沟通阶段，个体可以在群体规范框架内通过约定性语言解释并论证自己的观点，这意味着，这时的个体已经可以从群体的角度进行"客观"推理，由于这时的合作和沟通已经开始变得 6 约定化、习惯化和规范化，我们把其称为"**集体意图性**"（colletive intentionality）。具体到思维过程中，它不仅包含符号和视角性表征，亦包括习俗性表征和"客观性"表征；不仅包含递归性思维，亦包括自我反思性推理和理性推理；不仅包含从"第二人"的角度进行自我监控，亦包括基于文化规范的自我管理。

值得注意的是，上面提到的人类思维进化史上的两个重要阶段，并不意味着我们今天的思维已经固化且不能改变。即便现在的儿童，如果在孤岛上长大，他也不会自己自动地发展出完整的人类思维过程。相反，儿童生来便具有对合作、沟通、以某种特定方式(演化仅选择那些有适应价值的行为)向他人学习的适应性。但只有在成长过程中，儿童通过与其他个体不断的互动练习才能发展出新的表征模式，以及像维果茨基学派认为的那样通过内化同他人协调性互动经验而发展出新的推理可能性。这与类人猿通过合作和集群创造新技能有着本质的不同，是一类新的合作性认知和合作性思维。

接下来的章节我们将讲述一个人类思维如何出现的故事(或者说一段自然史)。故事将以我们的祖先类人猿作为开头，继而对早期人类合作和沟通的独特方式进行阐述，最后以揭示现代人类和他们的基础文化及语言存在状态作为结尾。

/ 第二章　个体意图性 /

理解离不开对事实的想象。

——路德维希·维特根斯坦，《大打字稿》(*The Big Typescript*)

认知过程是自然选择的产物，而非目标。实际上，自然选择并不关心"认知"，它只是比较关心认知调节下产生的外显行为（Piaget，1971）。相似的，在演化过程中，"聪明"如果不能产生聪明行为，其本身就不具有任何价值。

作为解释动物行为的两个经典取向，行为主义和习性学都把外显行为作为关注焦点，而不太重视认知。经典习性学对动物认知很少或几乎不感兴趣，行为主义则直接对其持蔑视态度。最近，尽管此种状况已经有所改观，但仍然未提出有认知过程融入的系统性理论。此外，用来阐述认知演化的其他现代理论也显得很单薄，不能令人满意。

基于上述考虑，本章在论述人类思维的演化问题上，将首先从认知的演化这一宏观框架的建构着手，以自然史的发展为主线，随之以建构的宏观框架来阐述现代类人猿的认知和思维过程。之所以选择类人猿，是因为人类大约 600 万年前同其发生分化，可以把类人猿的认知作为人类认知演化的起点。

认知的演化

所有有机体都具有"刺激-反应"这类反射性连接。行为主义者认为，所有行为都是通过这种机制组织起来的，尽管复杂有机体的连接可以是习得的并且以各种方式彼此联系，但本质上是一样的。另有一些观点则承认，复杂有机体亦具有演化而来的专化环路机制，如反馈控制系统等，这些机制内在包含着目标状态和行为可能性评估成分。从此观点的角度来说，认知并非来源于复杂化的"刺激-反应"连接，它来源于个体获得(1)在各种适应性专化中发展出来的灵活决策和行为控制能力；(2)认知表征能力与对具有因果和意向性成分的事件进行推理的能力。

适应性专化机能构成自我调控系统，诸如哺乳动物血糖和体温的稳态调节等很多生理过程都可以看作这类系统的具体表现。这些专化机能在促进适应性行为产生过程中发挥的作用要远远超过简单的"反射"，它具有更宽广的适用情境，同时也更为复杂，如蜘蛛结网。可以想象，仅凭"刺激-反应"这种简单的连接机制，蜘蛛根本无法完成如此复杂的任务。实际上，蜘蛛结网的过程具有很大的动态性和情境依赖性，这也意味着在此过程中，蜘蛛必须具有一定的目标性，同时可以对自己的行为进行自我调节。虽然如此，我们仍然不能称此类专化机能为认知性的(最多可以说具有微弱的认知成分)，因为从定义上来说它充满未知性并缺少灵活性：为达成目标的行为可能性与所觉察的情境之间的连接过于固化。此种情况下，机体并不具备灵活处理新异情境所需的因果/意图性理解能力。而这类适应性专化是自然选择面对相对稳定的同一情境演化出来的固化处理模式，因为情境变化幅度很小，灵活性就不具有被选择的必要。

随着生存环境不可预测性的增强，自然选择不得不赋予个体新的认知和决策能力，以识别新异情境并对其进行灵活处理，这个时候，认知和思维开始出现。处理新异场景能力的产生，也意味着因果/意图性成分开始渗入认知过程。于是具有场景适应性的一些新的行为反应模式的出现成为可能。例如，基于具有的因果关系推理能力，黑猩猩可能意识到在某一特殊情境中，必须对可用工具进行新异操作转换才能达成期望目标。一个具有认知能力的个体，本身具有对任务价值和目标进行操作的控制系统，这使得个体具有：

（1）对与价值或目标相关任务进行因果和意图性处理的能力；

（2）对使价值或目标达成的行为进行选择的能力。

这种控制系统描述同哲学上理性行为产生的经典"信念-愿望"模型 9
很相似。它们都认为，探求未知世界的目标和信念使我们产生某种行为意图①。

我们把这种灵活的、个体自我调节来完成任务的认知方式称为"个体意图性"（individual intentionality）。在个体意图性的自我调节模型框架下，我们可以说，在某些情境中，个体不是直接通过某种外显行为，

---

① 重要的是，复杂生物体体现了控制系统的层级。因此他们大部分的行为都是尝试来同时调节多种不同水平的目标（例如，同样的动作可以同时表示尝试将左脚放在右脚前面、追一只猎物、养活家人，等等）。

而是在行为发出前(或不同外部因素进入情境时)想象可能的处理方式，这时思维就发生了。这里的想象与对潜在知觉经验的"离线"模拟有很大的相似性，而要能够在行为发出前进行此类想象，需要满足前面提到过的三个前提假设：

(1)"离线"表征经验的能力；

(2)通过模拟或推理对表征进行归因/意图/逻辑操作的能力；

(3)自我监控的能力及通过模拟事件发生进而做出深思后决定的能力。

某个行为决策的成功与否，揭示了表征、模拟及自我监控等潜在过程受到自然选择严格的筛选。

认知表征

在具备自我调节和意图成分的系统中，认知表征具有两个属性：内容和形式。在内容上，机体的内部目标和外部定向注意(不仅包括知觉，亦包含注意)使得认知表征的内容并非指那些分散的刺激或感觉数据，而是整个情境(situation)。目标、价值和其他的涉及功用(态度趋向性的成分)可以看作个体对想要实现或维持情境的认知表征。尽管谈到目标时，我们有时是指一个物体或地点，但它们只是一种简略说法，真正的目标应该是拥有(having)物体或到达(reaching)某个地点。哲学家戴维森(Davidson，2001)曾写道：需求和渴望指向命题内容，如一个人想要的是……他手中拿着这个苹果……相似的……一个人有意向去歌剧院是指他最终置身于歌剧院(第126页)。同理，当代决策理论谈及事件达到某种状态的渴望和趋向时，也是同一个意思。

如果目标和价值被表征为意向情境，那么个体对与目标和价值有关的情境中的相关环境就会尤为注意。这样，意向情境和注意到的环境就具有了同一知觉背景和类似实体的表征形式，进而使得它们之间的认知对比成为可能。当然，复杂机体也会表征一些不那么复杂的事物，如客体、属性、事件，它们可能是某具体目的引导下的表征，但在我们这里的分析中，都把其看作与行为决策具有联系的某些成分。

为了更好地阐述上面的观点，让我们假定图 2-1 是一只黑猩猩在觅食过程中看到的图景。

实际上，黑猩猩同我们人类知觉场景的基本方式是一样的，我们　11
有很相似的视觉系统，这使得我们都会看到图景中的基本物体和它们之间的空间关系。但是，黑猩猩会注意些什么呢？尽管他的注意点有无数种可能，但此刻面对觅食决策产生的压力，他会注意那些与此决策相关的场景或"事实"，即：

(1)有很多香蕉在树上；

(2)香蕉已经熟了；

(3)树上没有同类竞争者；

(4)爬到树上就能得到香蕉；

(5)附近没有威胁自己的捕食者；

(6)从树上快速逃离有一定难度；

……

对于一个觅食的黑猩猩来说，如果我们假定它具备正常的知觉和行为能力，同时了解情境中的生态环境，那么当他做决策的时候，涉及的所有场景都会成为**相关场景**（relevant situation），并进一步在同一

图 2-1　一只黑猩猩看到了什么

个视觉影像(非言语表征)中被投射出来(即便某一场景同主体期望有一定差别,如食物并未出现在往常的位置,其仍会被知觉为相关场景)。

相关程度(relevance)作为对个体场景敏感性的一种判断,给出一个总体定义并不容易。但从大的范围来说,个体对场景的注意不外乎两类:

(1)当作机遇;

（2）当作追求并维持目标和价值过程中的障碍（或者说与预测未来机遇或困难有关的相关信息）。

不同的物种有不同的生活习性，这导致他们注意的情境势必存在一定的差异。例如，对于美洲豹来说，满树的香蕉并不代表食物，但如果是一只黑猩猩则不然；而对于黑猩猩来说，美洲豹的存在则意味着自己有可能被捕食，因此，它必须尽快寻找到有助于自己逃跑的位置，如一棵下面没有枝丫可以爬的树（美洲豹爬不上这类树，而自己却具有爬树的娴熟技能）。现在我们把场景进一步复杂化：假定香蕉上面趴着一只虫子。这时对于三个不同物种来说，它们各自相关情境（目标达成的阻碍和机遇因素）之间的重叠程度将会更少（如果有重叠的话）。在这种情况下，相关场景将由个体的目标和价值权衡、知觉能力和知识储备、行为能力共同决定，也就是说，作为自我调节系统的所有功能将共同决定某个机体的相关场景。这也意味着，确定某个行为决策的相关场景将涉及个体生活中的所有层面（von Uexküll，1921）①。

在表征形式上，为了能够完成突破囿于特定经验限制的创造性推理，个体必须对经验进行类化表征，也就是说，把经验表征为那些概括化、图式化和抽象化的形式。有假设提出了用于解释相关机制的范例模型，指出个体会把注意过的场景及相关成分在某种程度上"存储"下来（很多知识表征模型把注意作为表征发生的第一道门），之后会有

①　这一解释与"吉布森（Gibsonian）的功能可供性（affordance）"的概念有关，但它的概念更为广泛，包括具象化自己行为的直接机会，也包括间接与机体相关的情境。此外，我们也能够注意到所有的机体都是趋于处理那些自然显著的事情（比如，对人类来说，很吵的噪声），因为它们潜在地与生物"目标"和"价值"相关（被称为注意的"自下而上"加工）。

一个概括化和抽象化的过程，可以把这个过程称为**图式化**(schematiza-
tion)。图式化的结果就是各类情境和实体认知原型的产生，包括物体
的类别、事件的图式及各类情境原型。把某个新异场景或实体作为某
类图式(或类别、原型)的实例，使得我们对该新异刺激的相关推理成
为可能。

类别、图式、原型作为认知类型在本质上是个体对先前经验的想
象性和符号性图式化的结果(Barsalou, 1999, 2008)。它们不会产生类
似于某些理论家提出的，把事物表征为心理图像(如香蕉、水果及某些
物体的映象)之后，再次提取过程中产生的失真和不确定性问题
(Crane, 2003)。之所以不会产生这类问题，是因为这些认知类型由个
体先前类似情境下的相关经验组成(已被多次提取)。这就使得个体在
目标背景下理解或解释某"新异"场景或实体时，可以把其同化到已知
的认知类型当中："哦，这只是其中另一个实例罢了。"

模拟和推理

具有个体意图性参与的思维，涉及对情境及相关成分认知表征的
一系列模拟和推理。首先是诸如"如果……将会发生什么"一类的行为
决策过程中进行的工具性推理。例如，在"石块阻止了压在下面的棍子
的移动"问题情境中，有些机体会进行皮亚杰(1952)称为"心理试误"的
推论性模拟。此种情况下，黑猩猩将会想象性模拟如果硬拽下面的棍
子将会发生什么，如果判断硬拽是无效的(考虑到石块的体积和重量)，
它可能会选择在取棍子之前先把压在上面的石块推开。

此外，还有围绕目标和价值达成而进行的因果/意图联系推理(外

界因素同目标达成之间关系的推理)。例如，看到一只猴子在香蕉树上吃香蕉，黑猩猩会推断周围没有美洲豹(逻辑是：如果有的话，猴子应该早就逃跑了)。或者在地上发现一个无花果，倭黑猩猩会推断它应该很甜，并且里面有籽，之所以能做这样的推论是因为之前曾遇到过很多这样的水果，而这个只是此类水果里面的一个罢了。又如，猩猩能够识别同类爬树行为背后的意图，它会推测与该爬树个体行为目标及注意有关的内容，进而预测即将发生在该同类身上的行为。随着诸如此类经验的不断图式化，个体逐渐发展出因果/意图推理模式的一般认知模型。

对上述过程进行概念化的最佳方式就是通过离线、基于想象的模拟，包括对个体从未直接接触过事件及实体表征的重新组合。例如，类人猿想象当美洲豹出现在猴子活动范围时，猴子会做什么(Barsalou，1999，2005，2008)。更重要的是，表征组合过程本身就包含有不同想象和现实场景之间的因果/意图关系成分，同时涉及条件性、否定性、排除性等类似逻辑转换成分。值得注意的是，这些逻辑操作本身并非意象性认知表征，而是个体实际任务中经历的认知过程[用布鲁纳的话说，即"生成"(enactive)；用皮亚杰的术语，即"操作"(operative)]，至于具体这个过程如何发生，在下面的类人猿思维论述部分将会以实例的方式谈及。

行为自我监控

为了保证思维的有效性，具有个体意图性的机体必须能够观察给定环境中某行为的结果，并评估该结果与期望目标和期望结果的匹配程度，依靠这类行为监控和评估过程，个体方能从经验中不断学习。

14

　　上述自我监控中涉及的认知成分允许监控主体在头脑中提前预演可能的"行为-结果"联结，在头脑中假设某类事件将在现实中发生，然后通过想象来评估可能的结果。通过对可能犯错的提前矫正，这类过程帮助个体做出更缜密的决策[源于此条件下失败仅仅意味着某假设而非真实发生在自己身上的失败，丹尼特（Dennett，1995）把这个过程称为波普尔式学习]。例如，想象一只松鼠要从一根树枝跳到另一根树枝，我们或许能够观察到它准备跳跃时的肌肉收缩，但在某些情况下，松鼠通过想象模拟可能会发现两根树枝距离太远，进而从原来的树枝爬下，然后爬到另一根树枝。直观的表述就是：如果松鼠准备通过跳跃的方式到达另一根树枝，它会提前对跳跃后果进行模拟评估，如可能发生从树上跌落这类负性后果，之后松鼠就可以借助模拟得来的信息决定是否跳跃。奥克伦特（Okrent，2007）认为，通过提前对不同的行为选择带来的可能后果进行想象，然后在想象域中评估并提取出最优选择，是工具性理性内涵的本质。

　　自我监控（需要执行功能的参与）是认知性的，这是因为在这个过程中个体观察的不仅仅是自己的行为和结果，同时还涉及对自己内部模拟的监控，或者个体在这个过程中也会对决策信息进行评估，以预测某一决策成功的可能性。具体到人类，我们甚至会把对他人的想象性评估，或者交谈过程中对他人的想象性理解作为潜在行为决策的重要依据。总的来说，无论以何种形式出现，某些类型的自我监控对我们称为"思维"的东西总是至关重要的，毕竟，它包含着个体对自己所做的觉知。

像类人猿一样思考

15

在论述人类独特思维的演化起源上，我们首先将关注重点放在人类与其他现存哺乳类动物分化之前具有的最后共同祖先上，最好的代表就是人类的近亲——非人类人猿(现在类人猿的祖先)，包括黑猩猩、倭黑猩猩、大猩猩、猩猩。其中，尤其是大约 600 万年前才与人类走上不同演化道路的黑猩猩和倭黑猩猩，更是我们着重要关注的。上述四种类人猿在认知能力上是相似的，人类却有所不同，我们假设这是由于现存类人猿保持了我们共同祖先的认知技能，人类分化之后却演化出了一些新的东西。

我们对人类与现存类人猿共同祖先认知技能的了解来源于类人猿的实验研究，而这些研究直接促进了我们前面提到的个体意图性(涉及认知模型和工具性推理参与的自我调节及某些类型的自我监控)理论框架的搭建。由于人类与其他类人猿的分化发生于近期(以物种演化的时间进程标定，可从具有的基本相同的躯体结构、感觉器官、情绪及大脑结构上体现出来)，在没有直接反对证据的情况下我们假定人类与类人猿在演化上具有连续性(de Waal, 1999)，也就是说，当类人猿在精确操控的实验中表现出与人类相同的行为时，我们假定背后涉及的认知过程具有连续性。当然，在后面的章节中我们将会提到不同假设条件下思维的解释问题。

类人猿眼中的物理世界

类人猿的认知和思维过程可以被分为两类：用于理解充满物理性

因果联系的物理世界；用于理解充斥着机体之间因果/意图关系的社交世界。灵长类动物对物理世界的认知主要从觅食情境中演化而来(To-masello & Call, 1997)，所以主要服务于这个目的(Millikan, 1987)。为了保证每天充足的食物供给，它们演化出了近期目标、表征、推理等内容，服务于：

(1)寻找食物(需要空间定向和目标追踪技能)；

16　　(2)识别并对食物进行归类(需要特征识别及归类技能)；

(3)确定食物的量(需要量化技能)；

(4)获取或提取食物(需要理解事物间因果联系的技能)。

在这些用于理解物理世界的最基本技能的掌握上，所有非人灵长类动物之间并无太大区别(Tomasello & Call, 1997；Schmitt et al., 2012)。

与其他灵长类动物相比，类人猿尤为擅长的是对工具的使用，在这一点上我们甚至可以认为它们不仅理解了事物之间的因果联系，甚至可以对这种联系进行操控，相比而言，其他灵长类动物最多在某一特定情境下才会使用工具(Fragaszy et al., 2004)。前面提到的四种类人猿都可以很灵活地使用工具。例如，在同一任务中连续使用两种工具、把两个工具连接在一起以便够取食物，等等(Herrmann et al., 2008)。一般认为，工具使用涉及使用者对所使用的工具可能对目标物体或事件产生的影响进行的评估(Piaget, 1952)，所以类人猿在成功使用新异工具时表现出的灵活性和敏捷似乎表明，他们具有一个或更多能够指引其在新异工具使用时进行因果关系推论的一般认知模型。

类人猿借助工具对因果联系进行操控的技能与它们的认知表征和推理过程之间可能存在着有趣的联系。例如，马林·曼瑞奇等人(Marín

Manrique，Cross & Call，2010)在实验中给黑猩猩呈现一个从未遇到过的食物获取问题，该问题的解决需要一个具有特定属性(如需要具有一定的硬度和强度)的工具才能完成。然而，在实验中，可用工具却被放在另一间不同的房间。为了解决这个问题，黑猩猩首先必须理解问题情境中包含的因果结构，之后形成对这种结构的认知表征并保存下来，以便到另一间房间寻找工具时使用。研究结果发现，往往从第一次尝试开始，很多黑猩猩就是这样做的，这也意味着它们可以把该新问题同化到已有包含因果结构的认知模型当中，并带着该认知模型进行后续行为(到隔壁房间)，之后借助该认知模型在头脑中模拟工具的使用方法及可能带来的结果。在马尔卡希和卡尔(Mulcahy & Call，2006)的研究中，倭黑猩猩甚至可以为未来储存工具，这大概是因为它们认为未来遇到相关情境时可以进一步使用。

　　这里提到的模拟和推理是具有逻辑结构的。然而，这种逻辑结构并非指形式逻辑结构，而是基于因果推理产生的结构。这里的观点是：因果推理遵循基本的"如果-那么"逻辑，因此，可以从中推出"必然"结论，即如果 A 发生，那么 B 发生(因为 A 导致 B)。伯慕德兹(Bermudez，2003)称这类推理为"原型条件性"(protoconditional)推理，因为这里涉及的核心不是形式上的，而是因果性的。在曼瑞奇等人(Manrique，Cross & Call，2010)的实验中，当类人猿通过不同工具模拟时，它会推断"如果使用具有 A 属性的工具，B 会发生"，这样个体就逐渐获得假言推理(modus ponens)原型，之后在使用具有 A 属性工具时就会期望 B 作为结果发生(如果 A 发生，那么 B 发生；A 发生了所以 B 将会

17

发生)。这是一个基本的从前提/原因到结论/后果的正向推理过程。

在近期进行的另一类研究中,研究者亦发现了从结果到原因的逆向推理。在卡尔(Call, 2004)的实验中,首先向黑猩猩展示一块食物,之后把食物藏进两个杯子中的其中一个里面(黑猩猩不知食物被具体藏在了哪个杯子里面),然后,依据实验条件,实验者摇晃其中的一个杯子。这有助于黑猩猩成功找到如下食物的背景信息:

(1)食物被藏在两个杯子中的其中一个里面(通过之前的训练习得);

(2)摇晃放有食物的杯子会发出声响,摇晃没有放置食物的杯子则不会发出声响(实验中包含的因果性知识)。

在图 2-2[①] 中,我们以符号化呈现的方式描述了类人猿理解该问题情境的可能方式。

---

① 对猿认知表征的形象化图解是我们通过理论性元语言(metalanguage)借助图像拟定性含义对相关关系的呈现。这意味着该图解是在我们研究思维背景下从猿视角进行的建构,如猿能够把杯子当作杯子、它理解噪声是从杯子中发出的内容,同时这个图也是在猿限制性认知理论背景框架内的关系呈现。参照托马塞洛(1992)对一岁人类婴儿的描述,图 2-2 抽离了实证研究发现的猿可能具有的认知能力中的"空间—时间—因果"成分,这就使得基于原型条件性和原型否定(protonegation)的逻辑结构,在解释实验中猿特定行为上的作用得以凸显。此外,图中我们用英文单词对这种逻辑操作进行描画,这之所以成为可能是因为猿虽然不具有对英文单词基于知觉的表征,但却在相应的程序性操作中遵循着对应的转换。——译者注(原文中下列内容出现在正文当中,为了便于理解和整体内容保持协调,以脚注形式呈现)

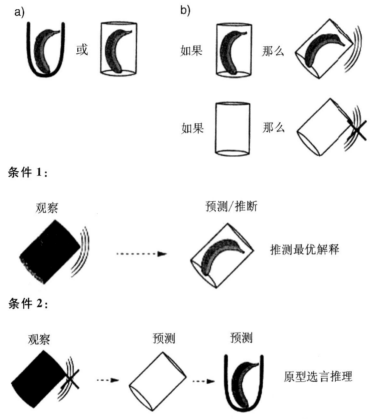

图 2-2　寻找隐藏食物时类人猿的推理（Call，2004）

在条件 1 中，实验者摇晃装有食物的杯子。这种情况下黑猩猩会听到杯子发出声响，并对发出声响的原因(尤其是食物撞击杯子内壁这一原因)进行逆向推理，这是一种不明推论(不符合逻辑，但却是最佳解释推论)，遵循的思路是：

(1)摇晃杯子时产生了声响；

(2)如果食物在杯子里，那么摇晃杯子的时候会发出声响；

(3)因此，食物在杯子里。

在条件 2 中，实验者摇晃没有放置食物的杯子，这种情况下黑猩猩听不到声响，并逆向推理为什么会这样（杯子里没有食物），这是一种原型否定式推理（proto-modus tollens），遵循：

(1)摇晃杯子，没有发出声响；

(2)如果食物在杯子里，那么摇晃杯子的时候会发出声响；

(3)因此，食物一定不在杯子里（杯子是空的）。

值得注意的是，除了进行上述推理，黑猩猩还会进行一个额外推理，在这个例子中，它会把自己对声响产生因果关系的理解与食物被放置在两个杯子中的其中一个这条信息联合起来，以在没有摇晃**另一只**(other)杯子的情况下确定杯子里是否有食物。这样，黑猩猩的这种推论就带有析取三段论中的排除性推理成分。

"否定"是很复杂的认知操作，因此"类人猿逻辑推理时涉及'否定'过程"这类说法很容易就会受到攻击。伯慕德兹（Bermudez，2003）关于形式否定出现之前的一些逻辑形式先导的论述使得上述说法相对变得更容易被接受，他把原型否定（protonegation）当作包含互斥构念的一个连续体，如"在-不在""嘈杂-安静""成功-失败""可用-不可用"。按照此种说法，如果我们假设类人猿可以理解这些互斥构念（例如，如果某些东西缺失，它们不可能同时在场；发出噪声的同时不可能保持安静），那么否定的发生就成为可能。实际上，我们这里谈及的"否定"都是从伯慕德兹对原型否定的定义这一层次来说的。

条件性操作(如果-那么)和否定操作组成了人类逻辑推理的基本成分，同时类人猿有能力通过：

(1)已有包含因果结构的认知模型同化潜在问题情境中的核心成分；

(2)包含原型条件性及原型否定成分的正向或逆向推理模型，模拟或推断过去已经或将来将要发生什么，来解决复杂而且以前没有遇到过的物理性问题。

基于上述考量，我们认为，既然研究中类人猿可以使用包含因果规则的认知模型，并可以在自我监控的参与下按照多种不同原逻辑范式(protological paradigm)进行模拟和推理，因此，它们在这些实验任务中的表现应该属于思维范畴。

类人猿眼中的社交世界

灵长类关于社交世界的认知主要从群体中为了争夺食物、配偶以及其他有价值的资源而产生的竞争性环境中演化而来(Tomasello & Call, 1997)，因此，它主要服务于竞争性社会互动。为了在与其他群体成员的竞争中占据优势，灵长类个体演化出了近期目标、表征和推理，以服务于：

(1)识别同群体中的其他个体，并同他们形成某种关系(支配或依从)；

（2）识别第三方个体彼此之间的关系，如双亲、上司、朋友之间的关系，并把这些关系纳入自己的认知框架。

这些能力使个体在复杂的社会环境中能够更好地预测其他个体的行为（Kummer，1972）。尽管社会结构和社会互动在不同物种之间存在很大的区别，但在社会认知的基础技能方面，所有灵长类动物都具有很大程度的形似性（Tomasello & Call，1997；Mitani et al.，2012）。

除了具有通过观察社会互动识别社会关系的能力外，类人猿还能把其他个体当作一个具有追求目标和知觉注意情境的主体来看待，进而知道个体的目标和知觉，进一步决定其行为。这也意味着类人猿不仅本身具有意图，同时还可以将其他个体理解为具有意图的个体（Call & Tomasello，2008）。

下面我们一起来看一下相关实验。黑尔等人（Hare et al.，2000）在实验中创设了一个竞争性实验条件，实验中两只黑猩猩都想获取食物，但它们的地位不同，一只处于支配地位，另一只则处于从属地位，同时实验中包含两处食物，一处被放置在开放空间，两只黑猩猩都能看到；另一处则被放到障碍物后面，只有处于从属地位的黑猩猩能够看到。在这种情境下，处于从属地位的黑猩猩知道处于支配地位的黑猩猩能够看到开放空间里的食物，并且有机会时它会尽快获取该食物，然而它却看不到另一块食物（只会看到障碍物），所以也不会想要获取它。实验结果发现，当处于从属地位黑猩猩的笼门被打开后（比处于支配地位黑猩猩笼门打开的时间稍微提前一些），它会选择获取那块被挡在障碍物后面的食物，或许它知道处于支配地位的黑猩猩能够看到什么和不能看到什么。在该实验的一个重要变式中，如果处于支配地位 21 的黑猩猩看到了食物放置的整个过程，虽然之后从它的视角不能看到藏在障碍物后面的食物，但当笼门打开后，处于从属地位的黑猩猩们不会选择去获取那块处于支配地位的黑猩猩"看不到"的食物，它们知道它"知道"食物被放置的位置（Hare et al.，2001；Kaminski et al.，2008）。在另一个变式中，实验者设计了连续进行多次的轮流觅食游戏，黑猩猩们从游戏中能够习得，如果对方首先选择，对方将会选择一个在桌上倾斜放置的木板（似乎下面有些东西），而非平躺放置的木板（下面不会压着其他东西），它们知道在这种情境下对手会做何种推理（Schmelz et al.，2011）。这样看来，黑猩猩不仅知道其他个体看到什么、知道什么，也知道它们如何对事物进行推测。

　　除了有能力理解其他个体会经验些什么，以及这种经验如何影响它们的行为，类人猿有时甚至试图操纵其他个体的经验。在一系列研究中，研究者创设了黑猩猩与人类个体"争夺"两块食物的问题情境（Hare et al.，2006；Melis et al.，2006a）。在一些条件下，如果黑猩猩接近任何一块食物，实验中的人类个体都可以看到，这时黑猩猩没有表现出接近任何一块食物的行为倾向；在另一些条件下，其中的一块食物被障碍物遮挡，致使黑猩猩获取该食物的过程不会被人类察觉，这时它们会选择获取那块被遮挡的食物。在上述两种条件下，如果看不到人类，它们同样会选择获取食物（所有条件下，黑猩猩都躲在一个障碍物的后面，需要通过一个透明或不透明管状容器获取食物)。最让人印象深刻的是，在获取食物的过程中，黑猩猩会采用安静的方式悄悄靠近食物，尽量不引起人类实验者的注意。上面这些不同的实验结果显示出，黑猩猩在需要使用完全不同知觉模型的问题情境中表现出泛化的处理能力。这也进一步提示，其间涉及的认知模型和推理具有很强的灵活性和生态效度。

同物理认知相比，上述研究中黑猩猩不仅能够基于对意图的一般理解进行很多相关推理，同时可以把这些推理镶嵌到一个原型结构之中，对推理对象的行为进行预测甚至操控(见图 2-3)。

这些实验中与个体获取食物相关的背景信息是，竞争对手在且只有在具有食物获取目标同时意识到食物的位置时才会选择获取食物。黑尔等人(Hare et al.，2000)的实验中黑猩猩表现出的原型条件性推理直接反映了上述内容：如果居于支配地位的黑猩猩想吃香蕉同时看到香蕉在 A 处，那么它会直接去 A 处拿香蕉。类比类人猿的物理性认知，如果我们同样将原型否定当作包含互斥构念的一个连续体，上述食物竞争实验中黑猩猩亦表现出了原型否定的使用。黑尔等人实验中的黑猩猩懂得，如果竞争对手仅仅看到了障碍物，那么它会待在原地(如果看不到食物就不会想要获取它，见图 2-3 中的 C 条件)。梅利斯等人(Melis，2006a)隐藏实验中的黑猩猩则知道，如果实验者仅仅看到障碍物或摇晃杯子时听不到声响，那么她就会静静地坐着(如果看不到也听不到我靠近食物，她就不会想要获取食物)，这也意味着只有在

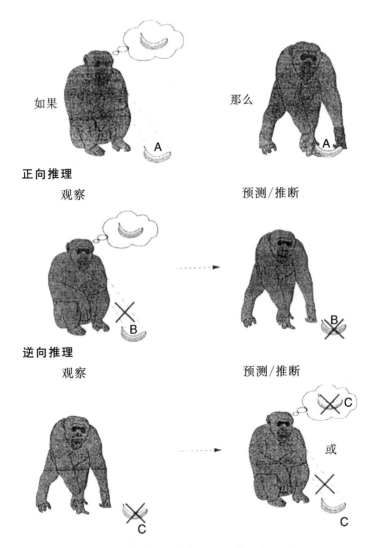

正向推理

如果　　　　　　　那么

观察　　　　　　　　　　　　预测/推断

逆向推理

观察　　　　　　　　　　　　预测/推断

或

图 2-3　食物竞争条件下的类人猿推理

另一个个体看到障碍物或听到"安静"时，黑猩猩才会去拿食物①。

　　总的看来，如同物理认知中的表现，类人猿在社会认知中亦很擅长操控。这种特殊技能在它们之间的肢体语言交流中同样能够体现出来（它们的发声通信与猴类相似，大都是固定化的，所以对思维问题研究的价值不大）。四种类人猿都可以通过特殊的（非猿灵长类大多不具有）姿势语言进行交流。经过彼此之间不断的社会互动，它们对一些意图动作逐渐仪式化。例如，把举起手臂进行击打当作邀请同类游戏的信号，并灵活地利用此类形式对其他个体的行为进行操控。更为重要的是，它们可以使用一系列吸引注意的姿势语言，以达到操控其他个体注意力的目的，如通过拍打地面吸引同类的注意。此外，它们甚至能够采用人类的"够""指"等姿势性动作——类人猿在与同类沟通中本来并不存在的姿势语言——这清楚地显示出类人猿在操控其他个体行为及注意时具有的灵活性（Call & Tomasello，2007）。这样，类人猿的肢体沟通再一次显示出它们在操控原因时具有的独特技能。

　　关于类人猿对社交世界的理解，我们要介绍的最后一个实验同它们是否具有逆向推理有关。巴特尔曼等人（Buttelmann，2007）采用理性模仿范式（Gergely et al.，2002）对6只喂养的黑猩猩进行测试。实验中黑猩猩会看到实验者借助一个装置表演一些非常规动作，同时产生一些很有趣的结果。在一种条件下，情境中的物理限制会迫使实验者

---

　　① 在这些研究中，黑猩猩都不能理解并预测个体不是无知状态，而具有一个错误信念时，它就会去它（错误）以为的位置来寻找食物。它们无法区分无知和错误信念（见Kaminski et al.，2008；Krachun et al.，2009，2010；第三章将更深入地探讨这个问题）。

发出一些特殊动作，如由于手中拿着毛毯不得不用头来开灯、由于手中拿着一摞书不得不用脚激活音乐盒。实验者表演结束后，黑猩猩也被给予同样的装置，不同的是这时外界相关的物理限制被撤销了，结果发现，黑猩猩像往常一样发出动作，并不会像实验者那样采用一些非常规动作；然而当黑猩猩看到实验者在没有外界物理限制条件下采用一些非常规动作时，即便我们认为并不存在需要模仿的显性原因，它仍会进行模仿，如用头开灯。我们认为，对黑猩猩具有的这种区别性模仿最自然的解释就是它们使用了**假言推理**(proto-madus tollens)，牵涉到原型否定的从结果到原因的回溯过程，这同卡尔(Call，2004)摇晃杯子研究中涉及的思维过程很相似，即(1)他没有使用他的双手；(2)如果让他自由选择，他会使用双手；(3)所以他的行为一定不是自由选择。

　　同解决复杂物理性问题相似，上述研究也提示，通过已有认知模型(对意图的一般理解)同化问题情境中的核心成分，之后运用该模型模拟并推理之前发生过什么或将来将会发生什么，类人猿同样能够解决很多复杂的社会性问题。同时在社会性推理的原逻辑范式框架下，类人猿在推理时可以运用原型条件性和原型否定(包含正向或逆向推理模式)。作为对本小节的总结，我们认为，与对物理世界的认知相似，在对社交世界的认知上，类人猿在上面提到的一些实验中的表现同样可以归为"思维"。

认知性自我监控

　　前面研究中提到的类人猿在相关实验中的表现，很明显不是简单

24

的自动化行为反应或目标性反应，它包含着某种服务于更优决策的监控机制。行为层面，近来研究已经发现类人猿可以：

(1)为了未来更大的奖赏而延迟获得即时奖励；

(2)为了成功应对新的问题情境而抑制已有的相关问题解决策略；

(3)为了获得心仪的奖励而做一些自己不喜欢做的事；

(4)失败后的坚持；

(5)在易分散注意力情境下保持注意力集中。

此外，在一个系统性比较研究中，研究者发现黑猩猩在上述能力上的表现同 3 岁的人类婴儿水平相当（Herrmann et al., submitted①）。实际上，上述提及的黑猩猩具有的相关能力都有固定术语，即冲动抑制、注意控制、情绪调节、执行功能。然而在这里，我们把那些基于行为的自我调节称为**行为自我监控**（behavioral self-monitoring）；把那些涉及的认知部分称为**认知性自我监控**（cognitive seif-monitoring）。

类人猿不仅具有行为自我监控能力，同时还可以进行认知性自我监控，这已被诸多同时采用多种不同范式的非人灵长类研究所证实。在最经典的范式中（通常以恒河猴为被试），个体为了获得心仪的奖赏必须学会区分（或记住一些东西），如果它们不能正确区分（或记忆），就不能获得奖赏并且必须在下一个试次前暂停一段时间。其中实验涉及的一个重要操作是，每一个试次中，个体都可以选择退出任务（意味

---

① 现已发表。Herrmann, E., A. Misch, & M. Tomasello. (2014). Uniquely human self-control begins at school age (advance online). Developmental Science. doi: 10.1111/desc. 12272. ——译者注

着可以立即进入下一个试次)，同时 100％获得一个相对较小的奖励。
这样，对于那些很可能区分或记忆失败的任务，个体逐渐学会了采用
退出策略(Hampton，2001)，它们似乎知道自己不知道什么或者记不
住什么。

　　在涉及黑猩猩的另一个常用范式中，个体可以/不可以看到食物被
隐藏进某个管状容器的过程，结果发现，当黑猩猩看到食物的隐藏过
程时，它们会直接到对应的管状容器中寻找；看不到时，个体不知道
食物被藏到哪里，选择时就会有一定的困难，这种情况下，黑猩猩似
乎知道自己不知道相关信息，或者至少对相关信息不确定，就会试图
做些什么。很有趣的是，这个过程中涉及的相关变量同样表现在人类
身上：如果奖赏具有很大的诱惑性，或者距离获得相关信息已经比较
久，个体就会有更强的寻找相关信息的趋向(Call，2010)。总的来说，
当类人猿在评估情境以决定做什么的时候，如有没有充足的相关信息，
它们会主动搜寻信息以服务于决策需要。

　　当然，对前面提到的一些实验的解释可能有很多种，但至少我们
可以确定的是，类人猿可以进行某些类别的自我监控和自我评估。同
时值得注意的是，它们不仅可以监控想象中的行为和后果/原因与结
果，也可以监控自己的知识和记忆，并通过这种监控对某种行为成功
的可能性进行估计。也就是说，至少在功用性背景下，类人猿和其他
灵长类动物是可以对自身心理状态进行评估的，虽然这种评估不能等
同于人类的自我反思(同后者相比，前者缺少社会/前景维度)，但它至
少为类人猿具有可以被称为思维的三个核心成分(抽象性认知表征、原

26

逻辑推理范式、心理的自我监控和评估)提供了进一步的证据支持。

服务于竞争的认知

很多理论家，包括行为心理学家和一些有思想深度的哲学家及认知科学家，对人与其他动物之间的区别仍然持笛卡儿式的态度：人有理性思维，包括类人猿在内的其他动物则只是刺激-反应机器(不存在推理)。然而，在我们看来，这种观点实际上是错误的，是基于一种错误的认知演化理论而得出的结论(Darwin，1859，1871)。认知的演化并不是从简单的联结到复杂认知，而是从不同复杂程度的僵化适应性反应到认知表征、推理、自我监控参与下的灵活且具有自我调节的意向性行为。在我们看来，这里提及的实证研究都清楚地证明，虽然诸如人类社会性语言、文化及其他形式的人类社会性建构都不存在，类人猿仍然可以灵活、智能，同时通过自我调节的方式来进行很多操作。

当然，这并不是说，我们这里提到的研究都只有这一种解释，一些理论家可能会认为，这些研究结果并不能证明类人猿能够理解因果/意图性关系，或能够进行逻辑推理，仅仅表明它们能操控一些非认知性的行为规则，或者说它们具有同小白鼠、鸽子类似的联结学习能力罢了(Povinelli，2000；Penn et al.，2008；Heyes，2005)。此外，对类人猿和其他动物具有认知性自我监控的质疑也从未停止过(Carruthers & Ritchie，2012)。然而，在解决物理性问题和社会性问题过程中，类人猿表现出来的灵活性却远不是行为规则(实质和起源一直尚未清晰)所能解释的(Tomasello & Call, 2006)，而联结学习同样不能进行合理的解释，因为联结学习一般要经历几十次的练习，与研究中发现的类人猿解决新异问题时的习得速度和灵活性不一致(Call, 2006)。关于认知性自我监控，虽然支持的结果数据并不是特别清晰，但卡尔(Call, 2010)发现的"同一因素在人类和类人猿相关过程中产生相同影响"至少表明，在实际情境中，类人猿可以对决策过程进行自我监控。 *27*

无论如何，人类思维的自然历史起源于类人猿身上这种"粗糙"的思维，毕竟，思维包含三个核心成分，而类人猿对其中的每个成分都可以进行很微妙的操控。

图式性认知表征

能够进行某些抽象性认知表征(可用于同化新的经验)，是思维的第一个核心成分。已有相关证据表明，类人猿的抽象性认知表征(类别、图式、模型)具有三个主要特征。

意象化 类人猿具有的认知表征在形式上是符号化或意象化的，它基于已有的知觉经验和运动经验产生。有研究者指出，这与人类婴儿的表征形式基本一致(Carey, 2009；Mandler, 2012)，然而，这类表征形式无疑是很单一的。

图式化 类人猿的意象化表征具有泛化性和抽象性，它是机体对原型情境或实体知觉经验形成的图式化构念[如类符/型符结构(type-token structure)]。值得注意的是，这种符号性或者抽象性的图式并非指一系列头脑中的"图片"，而是已经理解事物原型的混合体。维特根斯坦在探讨什么构成了人类理解的基本过程时，推测应该是"对事实的想象"(imagining the fact)，即把当前情境当作一个范例同化到个体已有的一般性且具有意义的认知模型中。由于对因果/意向性关系的图式化及泛化理解是类人猿具有认知模型的一部分，我们说这些认知模型已经具有了一定的意义。

情境性内容 类人猿的认知表征具有最基础的内容情境，尤其是与个体目标相关或对个体有价值的相关情境(如发现食物或周围没有捕食者)。很明显，在某种重要的意义上，建构为整体情境的表征内容预示着人类命题内容(尽管还达不到人类命题内容的层次)。而为了某一具体目标，类人猿同样可以图式化相关经验，把其分解为一个个物体或事件进行表征(如一类"无花果")。

因果和意图性推理

基于已有认知表征进行推理的能力，是思维的第二个核心成分。类人猿可以建设性地使用认知类别、图式、模型对非现实存在的情境进行想象或推理，这些推理具有两个主要特点。

因果/意图成分参与下的逻辑推理 类人猿的推理以它们对因果和意图的一般理解为基础，所以相关推理是渗透着因果分析和意图分析的，此外，它们还具有基于原型条件和原型否定形成的一些逻辑结构(范式)。这样，类人猿就具有从否定式到析取三段论在内的所有原逻辑版本。

产生性 类人猿的认知表征和推理具有产生性或生成性，它们可

以支持"离线"模拟(主体对非现实情境的想象或推理)(Barsalou, 1999,
2008)。然而,仍然有很多理论家质疑类人猿的"思维"是否能够满足埃
文斯(Evans)提出的一般性约束(generality constraint)。这个基于语言
学的观点认为,每一个思想(或句子)的潜在主语对应着很多的谓语,
每一个谓语也可能对应着很多的主语。用非语言学的表达就是,个体
不仅要能够对不同表征情境进行联系,同时还要能提取其中的成分并
使用它们形成的产生性连接去想象新异的情境。

类人猿可以明白,一个主体有能力做很多事情。例如,美洲豹可
以爬树、吃黑猩猩、喝水,等等。支持此观点的间接证据则是:

(1)类人猿可以通过客体永存任务的测试,因为通过此测试的前提
就是,个体要能够理解同一客体可以去不同的地方和做不同的事情
(Call, 2001);

(2)基于以往交往经验,它们可以预测特定个体在某情境下会做什
么(Hare et al. , 2001);

(3)它们可以对物体进行个体化:看到物体移动到屏幕后面,它们
会期望在屏幕后面找到该物体;如果看到原物体被另一个物体替换,
它们则不会期望在同一个地方找到该物体;如果两个相同物体同时移
动到屏幕后面,它们则期望在后面发现两个物体。在相关过程中,它
们并不会凸显位置,而是可以追踪同一(self-same)客体或随时间变化
产生不同行为的客体(Mendes et al. , 2008)。

类人猿同样可以明白,不同个体可以做同一件事情。例如,美洲
豹、蛇、猴子都可以采用自己的方式爬树。在这个问题上,相关支持

证据的寻找有一定难度，因为用非语言方式探究诸如"爬"（climbing）这样的事件图式是很困难的。然而，困难并不意味着不可能。有研究者提出假设，认为建立事件图式的一个非言语方式是模仿（imitation），也就是说，一个模仿他人的个体至少知道被模仿者在做 X，而它们自己也可以做同一件事情——X。尽管模仿不是它们进行社会性学习的一线策略，类人猿却可以在某些背景下采用该策略对其他个体的行为进行再现（reproduce）（Tomasello et al.，1993；Custance et al.，1995；Buttelmann et al.，2007）。此外，被模仿时有些类人猿可以意识到自己被模仿，这再次证明它们至少对"自我-他人"等价性（self-other equivalence）具有基础性的了解（Haun & Call，2008）。然而，模仿通常仅涉及"我"和"他"，考虑到类人猿能够理解所有参与主体的目标，另一个假设似乎也是可能的：类人猿对"爬"这一行为的图式化并非基于运动，而是基于对行为主体具有爬树目标的理解，同时恰恰是这种目标（非行为本身），为事件图式在不同个体（无论是否具有自我意识）间的形成提供了基础。

这样，尽管在认知的产生性方面有一定局限，但至少在某些层面，类人猿身上所表现出来的认知是满足一般性约束的。我们可以说，类人猿的产生性思维使个体的想象发生成为可能。例如，如果"我"追赶一只从未见过的动物，它可能会爬树，虽然"我"并没有见到过它爬树。另一方面，类人猿可能并不能想象同事实相反（违背其认知中的因果构念）的事情。例如，美洲豹飞翔，虽然人类可以借助外部交通工具做此类事情。另外，由于模仿的发生具有前后时序性，因此，类人猿的"自我-他人"等价性观念也会存在一定的限制，这主要是因为在同时发生(如人类合作性活动中的角色反转)的单一社会互动中，等价性观念更容易发展。

行为自我监控

具有对决策过程进行自我监控的能力，是类人猿思维的第三个核心成分。很多动物可以对自己的行为决策后果进行自我监控甚至预期，然而类人猿却可以做更多。

认知性自我监控 类人猿(包括一些其他灵长类)明白自己可能会由于掌握的信息不充分而无法做出最优的行为决策。我们前面曾提到，对结果进行监控是自我调节系统的基本前提，对模拟结果进行监控则是认知系统(能够使选择前的预思考成为可能)的一个重要特征，而对决策过程本身相关成分(记忆、区分能力、可用环境信息)的监控则涉及更深的层次，它意味着对决策过程本身进行某些类型的"执行"监控。

可以想象，人类同类人猿应该具有共同的祖先，它们当时的生活如同现存类人猿的生活图景：大部分醒着的时间以小群体方式生活；每天独自外出寻找水果和蔬菜；存在着不同类型的社会互动，其中大部分是分散性和竞争性的。我们这里的假设是：人类与类人猿的共同祖先(也可能包括后来出现的南方古猿)是具有个体意图性和工具理性的。它可以对物理经验和社会经验进行类化和抽象化表征，也可以在少量认知性自我监控参与下对相关经验进行产生性/假设性/综合性表征。所以，这里我们可以得出一个关键结论：在文化、语言、制度等人类独特社会性建构产生之前，人类思维的幼芽就已经在人类和其他类人猿的共同祖先中萌生了。

31　　当生物体的社会互动过程以竞争为主基调，也就是个体都为自己的利益考量，或者至多在冲突情境下加入其中一个联盟的背景下，个体意图性就有很大的存在必要。在几乎所有的相关理论当中，类人猿的社会认知技能都被认为主要服务于与群体中的其他个体进行竞争：基于马基雅弗利智慧，也就是在预测与潜在竞争对手行为时比与群体中其他成员表现得更好和更快（Whiten & Byrne, 1988）。而最近的一系列研究也显示，相比合作或沟通情境，类人猿在竞争或者剥削其他个体的背景下表现出更复杂的社会认知技能（Hare & Tomasello, 2004；Hare, 2001）。我们似乎可以说，类人猿的认知就是为了竞争而生。

　　相反，人类的认知却为了合作而生。相比其他灵长类，人类的社会性生活涉及更多的合作组织形式，所以我们这里的假设是：这些充斥着合作的复杂社会组织形式构成一种演化压力，把类人猿具有的个体意图性及思考转变为人类共享意图及思维。现在我们的任务就是，为从人类的类人猿祖先到现代人类的转变提供一个合理的演化叙事。**共享意图假设**认为，这个叙事应该包括两个序列性事件：联合意图性-群体意图性。在两次转变中，涉及的宏观过程都是一样的：生态环境的改变导致一些新的合作形式出现，随之产生一些新的合作沟通形式以服务于个体间的协调，之后两者共同创造出一种可能性，使个体在成长过程中，可以通过社会互动发展出一些新的认知表征/推理/自我监控形式，以服务于思维。

/ 第三章　联合意图性 /

概念化的内容从根本上说是观点的表达。

——罗伯特·布兰顿,《说清楚》(*Making it explicit*)

通过对地球上所有生物的大普查,梅纳德·史密斯和赛兹莫利
(Maynard-Smith & Szathmary,1995)指出,生物体复杂的进化过程有
八个最重大的转变,如染色体的出现、多细胞有机体的出现,以及有
性繁殖的出现等。奇妙的是,每一次转变都包含两个最根本的过程:
第一是每次都出现了某种相互依赖的新的合作方式:"在转变之前,个
体能够独立复制自身;在转变之后,个体只有作为更大的整体的一部
分才可以复制自身。"(p.6)第二是每次与新的合作形式同时出现的是一
种新的交流形式,正因为产生了新的交流形式——"信息交换方式的改
变"(p.6),新的合作形式才成为可能。

这样看来,最近一次重大转变是与言语交流有关的人类合作性社
会(文化)的出现。本章的最终目标是说明这个新出现的转变,尤其是
它产生的新的思维形式。不过我们不能直接从竞争性的类人猿社会一

步跨到合作性的人类文明。有数千种人类文明，每一种都有自己的一整套习俗化、标准化、制度化的文化和交流方式。但是任何东西都可以被习俗化、标准化或制度化；过程和内容完全无关。要想发展出这种以合作为基础组织起来的人类文明，所有人类群体之中必须存在某种东西——对于这些群体层面的文化创造过程来说是一种原始材料——即大量各种各样的合作性社会互动，这是一类其他类人猿并不具备的社会互动。这里的假设是，类人猿代表了人类与其他灵长类最近的共同祖先，因此，在我们的自然历史中，需要一个中间步骤。我们需要一些早期还没有生活在一种文明之中、没有使用约定俗成的语言的人类，不过，不管怎么说，他们比那个最近的共同祖先要更加有合作倾向。

所以，作为第一步，本章我们将假定，一些早期人类或许在某些合作狩猎情境中创造出了一些新的社会协作形式。早期人类的新形式的合作活动在所有灵长类中是独一无二的，因为它可以通过联合目标和联合注意建构某种当下的"第二人"（second-personal）的联合意图性，与另一个特定个体形成一种"我们"的意图，在其中每个参与者都有其个体角色和个体视角。早期人类的新的合作交流形式——自然指示手势和手势语（pantomiming）——让他们可以协调各自的角色，并与合作伙伴针对各种联合目标协调各自对外部情境所持的视角。其结果是，早期人类将类人猿个体意图"合作化"融入人类的个体意图，产生了新型的认知表征（观点的或符号的）、推理（社会递归的）以及自我监控（从合作者的视角来调控自己的行动）等新的形式，当将其运用到解决社会协作的具体问题中时，就构成了一种全新的思维形式。

　　因此，首先让我们看一看与早期人类一起出现的这种新的合作形式，然后看看早期人类用于协调合作活动的新的合作交流形式，最后讨论在这种合作和交流的基础上产生的新的思维形式。

新的合作形式

　　合作本身不会创造复杂的认知技能——认知简单的社会性昆虫有很复杂的合作，新大陆猴、狨猴、绢毛猴合作养育婴儿、分享食物，但是它们的认知并不太复杂。从认知的角度说，人类的情况很独特，人类和其他类人猿的共同祖先因为要竞争，已经演化出高度复杂的社会认知和社会操纵技能(以及在工具使用的情境中，因为需要操纵因果性而产生的高度复杂的物理认知技能)——就像第二章所论述的。

　　那么，利用个体意图性，为了竞争而产生的这些复杂加工的元素——能够理解他人的特定目标和感知觉会导致特定的行动，在这个过程中人类进化了，甚至产生了更加复杂的**联合**意图性，它涉及**联合**目标以及**联合**注意，有助于社会性协调。而且社会协调对认知和思维提出了独特的挑战。尽管博弈理论(如囚徒困境)中，参与者的目标和偏好多数时候有冲突，因而产生了社会困境，然而即便是在人们的目标和偏好基本一致的时候，协作依然困难不小。这些情况下的挑战不是解决冲突，而是或许要通过思维来找到一个方法，以协调社会伙伴达成共同的目标。

34

合作性轮替

黑猩猩和其他类人猿生活在高度竞争性的社会中，个体要整日与他者竞争有价值的资源，而且就像前文讲过的，这会深刻塑造他们的认知。然而黑猩猩和其他类人猿也会经常投入一些重要的需要合作的活动中。比如，黑猩猩会以小群体为单位一起迁徙并觅食，群体内发生冲突时会互相支援，雄性在与外来者发生冲突时也会群起防御（Muller & Mitani, 2005）。这种一起迁徙、战斗、保卫的群体行为在其他哺乳类中也十分常见。

为了阐明黑猩猩的合作与人类合作的差异，让我们先看看觅食。显然，这是所有类人猿的一种重要行为。黑猩猩群体中发生的典型场景是，一小群黑猩猩来到了一棵果树前。每只黑猩猩独自爬上去，找好位置独自摘得食物，自己抓取一个或几个食物，然后与其他黑猩猩间隔几米开始吃。在一个近期的研究中，当黑猩猩可以选择合作或独自获取食物的时候，它们更愿意独自获取食物（Bullinger et al., 2011a）。在另一个近期实验中，当被试可以选择和一个群体内成员一起进食或者独自进食的时候，黑猩猩和倭黑猩猩都更愿意独自进食（Bullinger et al., 2013）。如果发生了任何与食物有关的冲突，支配性个体(最终取决于战斗能力)会获得胜利。一般来说，通过个体争夺和支配性竞争来获取食物，实际上是所有四种类人猿的觅食方式。

这种常见模式也有例外，主要在某些黑猩猩群体集体猎捕猴子的时候被系统地观察到过（Boesch & Boesch, 1989；Watts & Mitani,

2002)。典型的情境是一小群雄性黑猩猩包围并猎捕一只与群体走失的红疣猴。通常，一只黑猩猩会先开始追逐，其他黑猩猩堵截在猴子可能逃跑的路径以及空地上。有一只黑猩猩会具体实施抓捕猴子的工作，最后它会得到最多最好的肉。但它无法完全占有全部战利品，因此，所有的参与者（很多旁观者）通常都会得到一点肉，这取决于它们的支配性，以及会以多强烈的姿态请求及威胁猎捕者(Gilby, 2006)。

在黑猩猩群体捕猎中涉及的社会和认知过程可能是很复杂的，但是它们也可以相当简单。"复杂化"的解读是把它们看成像人类一样，即认为黑猩猩有一起猎捕猴子的共同目标，在其中它们各自协调配合以达成目标(Boesch, 2005)。不过从我们的观点来说，"简洁"的解释更有可能(Tomasello et al., 2005)。在这种解释中，每个个体都试图依靠自己抓到猴子（这样可以得到的肉最多），但是它们会考虑其他黑猩猩的行为，也许还有意图，因为这些会影响捕猎的最终结果。说得更复杂一些，个体宁愿其他黑猩猩抓到猴子（这样它们还能通过乞求和捣乱而分到一点肉）也不愿意猴子跑掉（这样它们就没肉吃了）。从这个观点来说，群体捕猎中黑猩猩在实现猎捕猴子这个个体目标的过程中，产生了某种联合行动［图梅勒(Tuomela)在2007年将其称为"以'我'模式形成的群体行为"］。一般来说，没有清晰的证据表明黑猩猩群体捕猎猴子与其他哺乳类（如狮子和狼）在群体猎捕中的认知过程是不一样的。

完全相反的是，人类觅食是以深度合作为基础的。现代捕食社会中，个体通过直接交换，或通过中间商将食物拿去中心区域分享，大多数日常用品都与他人合作生产出来(Hill & Hurtado, 1996; Hill,

36 2002；Alward，2012)①。人类在很多其他领域的活动中也会合作，类人猿则没有。托马塞洛(Tomasello，2011)系统了比较类人猿和人类捕食社会的结构之后总结道，在每一个类人猿主要以个人主义行动的领域中，人类都主要以合作来行动。比如说，人类会合作养育婴儿，所有成年人都会支持养育婴儿［称为合作养育(cooperative breeding)］(Hrdy，2009)，类人猿不会。人类会参与合作交流，只要他们觉得这个信息对接受者来说是有用的，他们就会互通信息，但类人猿不会。人类会主动互相教授有用的东西，这也是为了接受者的利益，类人猿也不会这么做。人类会对与集体有关的食物进行集体决策，类人猿不会。人类会创造并维持所有类型的正式社会结构，如社会规范和制度甚至是习俗化语言(使用约定俗成的表达方式)，类人猿不会。所有这些活动中，合作就是人类社会独有而其他类人猿没有的一种典型的社会特征②。

人类在演化中，确切来说是何时和如何发生了这种合作的，并不是当前讨论的关键。但不管怎样这是个有价值的问题，托马塞洛等人(Tomasello et al.，2012)假定初始、预备的一步发生在智人(Homo)出

①　当代人类捕猎者并不是这里设想的早期人类的良好模型，因为他们已经完成了演化历史中的两个步骤，所以生活在社会规范、制度和语言中。此外，当代捕猎者拥有工具和武器，让他们能够单独捕猎(之后再分享)，而我们设想的早期人类的武器更为传统，因此需要更多的协作。

②　当然，当代人类社会同样充斥着自私与不合作，甚至是残暴的行为与战争。这其中很多都是由于不同群体间的冲突以及私有财产和财富累积之间的竞争导致的，这一切只在农业发展之后的近10000年发生，在那之前人们在很长一段时间内都是小群体的合作捕猎者。

现后不久，大概在 200 万年前。在这个时期，地栖的猴类发生了重大的拓展，如狒狒，它们在获得常规水果和其他植物方面胜过了人类。人类需要一种新型的捕食小生境(niche)。一个可能的方法是吃肉，这可能需要个体合作去吓唬野兽，以便可以赢得最初的杀戮。不过在某个节点上，人类开始更加主动合作去进行大型猎捕活动，以及收集种植的食物。在典型的猎捕牡鹿的互惠情境里，双方都可以从合作中获得益处——只要他们可以管理并协调各自的努力。这就是我们想象中的具有合作性的生物，而且最为清晰的是，我们应当聚焦于 40 万年以前尼安德特人和现代人的共同祖先——最神秘的*海德堡人*，这种合作在他们当中发展到了最高点。古人类学证据表明，这是第一个能够系统性地进行大型合作打猎的智人种，他们使用的武器很明显不可能由单个个体成功使用，他们有时会将猎物带回家庭基地(Stiner et al.，2009)。这个时期也是大脑容量和人口数量飞速发展的时期(Gowlett et al.，2012)。我们可能假定，这些合作捕食者生活在或松或紧的团队中，由一群潜在的合作者构成。

比出现时间更重要的问题是如何出现。在托马塞洛等人(Tomasello et al.，2012)的假设中，义务性的合作捕猎成了早期人类演化上稳定的策略，这里有两个互相影响的原因：彼此依赖及社会选择。首先最根本的原因是人类开始了一种新的生活方式，在其中个体不可能独自获得日用所需，必须要在捕猎活动中和他人相互依赖——这意味着个体需要发展出技能和动机去合作捕猎，不然就饿死了。因此，人类有了直接和迫切的选择压力，其竞争砝码是加入合作活动(联合注意)

37

的技能和动机。第二个原因是这种相互依存的自然结果，个体开始对他人做出评估判断，评价他人是否是潜在的合作伙伴：他们开始进行社会选择，因为选一个不中用的搭档就意味着无法得到很多食物。骗子和迟钝的人都要被剔除，横行霸道者失去欺负人的动机。重要的是，现在这种情况意味着早期人类既要考虑如何评估别人，又要在意别人如何评价自己，是否能够成为有能力的潜在合作伙伴（在意自我形象），其他类人猿则没有这种忧虑。

　　早期人类面对的情境也许可以由博弈论中总结出来的牡鹿捕猎场景来进行最佳建模（Skyrms，2004）。两个个体可以很轻易地接近低回报的"野兔"（如低卡路里植物），然而，此时在地平线上出现了一只高回报但是较难猎捕的"牡鹿"（如大型捕猎），只有在两个个体都放弃野兔并且都进行合作的前提下，他们才有可能得到牡鹿。因为合作符合两个人的利益，所以他们的动机一致了。因此，这种困境纯粹是认知性的：合作是必需的，我要拿我的野兔去冒险，我只会在你也愿意去猎捕牡鹿的时候才会这么做。但是你也仅仅会在我愿意去猎捕牡鹿的时候才会去冒险。我们如何协调这种潜在的僵局？有一些很简单的认知策略可以帮助人们脱离困境（Bullinger et al.，2011b，黑猩猩使用的领导-追随者策略），不过如果这样的话，他们中总会有一个人承担不成比例的风险，所以他们在某些情境下是不稳定的。比如，如果只有很少的野兔，因此每一只都价值极高，那么捕猎牡鹿就很少能够成功了。故而花费/收益分析要求每个人在放弃自己的野兔前，得确保他们的搭档也将会猎捕牡鹿。

在谢林(Schelling，1960)和路易斯(Lewis，1969)最初的分析中，　*38*
以这种方式进行的合作需要某种共同知识或者递归式的读心：要是我
去，我就需要预期到你会预期到我预期你……谢林和路易斯认为，这
个过程尽管非同凡响，但还不至于令人困惑。后来的评论者认为这个
分析有问题，他们指出两个人之间无限的想来想去猜测另一个人的想
法，这种事情不会真的发生，要不然就不会有任何结论了。克拉克
(Clark，1996)提出，如果以更实际的情况来说，人类仅仅会辨识出伙
伴们的"共同基础"(如我们都知道我们都想要一起去猎捕牡鹿)。这已
经足够让伙伴们对于共同目标做出共同决定了。托马塞洛(Tomasello，
2008)认为像共同基础这样的东西是人们实际应对的方式，不过当发生
不安时，他们总会用推理解释说"他以为我以为他以为……"(比较典型
的是只递归几次)，这表明了其背后的递归结构。因此，现在的情况
是，人类个体会协调适应自己和他人共享的共同基础，这并不总包括
递归式的读心，不过，如果需要的话，他们可能会以递归的方式将当
前的共同目标分解几次，好澄清一下他认为我认为他现在怎么想。

在任何情况下，我们可能都会想象，一个能将自己和他人的共同
基础进行协调的人，一个能进行一定程度的递归式读心的人，在决定
何时留着兔子、何时和他人一起去猎捕更具回报性的牡鹿的时候，有
着巨大的策略性决定优势。那些会发展出更复杂的合作交流形式的人，
可能会有着更大的优势。这样的话，我们人类独特思维的自然历史的
第一步，就是联合意图性的认知机制，它演化出来协调人类最早的、
本物种独有的、小尺度的合作形式，并且后来发展出合作交流。

联合目标和个体角色

下面我们将更详细描述联合目标的形成(见 Bratman, 1992)。为了让你和我能形成一个联合目标(或者联合意图)来共同猎捕一只牡鹿,(1)我必须有与你共同抓捕牡鹿的目标;(2)你必须有和我一起猎捕牡鹿的目标,而且关键的是(3)我们必须有共同的认识,或者共同基础,让我们都知道对方的目标。

39　　在这里重要的是,我们每个人的目标不仅仅是去抓住牡鹿,而是要和另外一个人一起抓住它。如果我们每个人都想要独自抓住牡鹿的话(即便这是共同知识)(Searle, 1995),只会形成两个个体平行捕猎,而不是联合。另外一件重要的事情是,我们对于自己和对方的目标都有共同知识,那就是,我们各自的目标都是我们共同概念化的现实的一部分。我们每个人都想要和另一个人一起猎捕牡鹿,不过如果我们中有人不知道情况是如此,我们很可能就无法成功地协调(对于所有路易斯和谢林列出的原因中,这一条是最重要的)。因此,联合意图性的产生需要两个条件,一是我们每个人的目标或意图的行动内容,即我们要一起行动;二是我们的共同认识,或共同基础,即我们都知道我们两个都想要这个。

在 14～18 个月大的时候幼儿会开始以某些方式与他人进行含有某种形式联合目标的互动,那个时候他们基本还不会说话。因此沃内肯等人(Warneken, 2006, 2007)让这么大的孩子和成年人一起参与联合活动,比如说,两个人共同操作一个设备以获得一个玩具。之后,成年人毫无原因地停止游戏。幼儿对此很不高兴，会做各种尝试让搭档重新回到游戏中[如果搭档有很好的理由停下来，幼儿就不会这么做，比如说，如果搭档不得不注意另外一件事情(Warneken et al., 2012)]。有趣的是，如果同样的情形发生在人类养大的黑猩猩身上，它们就只会忽略不合作的搭档，并自己尝试找到独立达成目标的方法。当然尽管幼儿会尝试重新吸引成人的注意，但这并不一定表明他们像成人一样，与搭档拥有基于共同基础的联合目标，但这至少反映了他们的期望：必须排除障碍，我的搭档在这个联合活动中给出了足够的承诺，他会在停止之后重返活动——很明显，在类似活动中，黑猩猩没有这种期望。

当幼儿 3 岁的时候，他们会展现出更加确凿的关于联合目标的证据，因为他们自己会在分心和受到诱惑时依然表现出对于联合活动的承诺。比如说，哈曼等人(Hamann，2012)让 3 岁的孩子两两搭档一起工作，去取一个放在阶梯顶端的奖品。不过，其中一个孩子在途中就可以得到奖品。然而，当这样的情况出现时，幸运的孩子会推迟享用自己的奖品，会等到另一个人拿到她的奖品后再享用(也就是说，他们会在一个与他们单独行动类似、没有合作的情境中帮助搭档)。对于搭档的这种承诺表明，孩子在一开始就构建了一个联合目标，"我们"要一起获得奖品，他们为了达到这个联合目标会做任何调整。要再次强调的是，类人猿不会这么做。在一个类似的以黑猩猩为被试的实验中，格林伯格等人(Greenberg，2010)找不到任何类似人类承诺的迹象，即一定要遵循联合行动直到双方搭档都得到了奖品[哈曼等人(Hamann et

40

al.，2011)发现在合作活动的末尾，3岁的儿童也会承诺在参与者中平分奖品，但黑猩猩不会]。

重要的是，这个年龄的儿童一旦意识到，他们与合作者都需要依赖彼此才能够达到目标(我们是互相依赖的)，他们都会觉得自己对对方有义务(Gilbert，1989，1990)。因此，有研究者(Grafenhain et al.，2009)让学龄前儿童明确同意去和一名成人玩游戏，之后另一个成人试图诱惑他们，让他们参加一个更加有趣的游戏。尽管多数的两岁儿童会直接去玩新游戏，但从3岁起，儿童在离开前就会停顿一下，并会"请假"，不论是口头通知，还是以行动通知(将他们一起使用的工具递给成年人)。儿童似乎意识到联合目标包括联合承诺，打破承诺需要某种告知甚至是道歉。这种实验没有在黑猩猩身上做过，但是目前没有任何已发表的研究表明有任何一只黑猩猩在打破一个共同承诺离开前，会告知伙伴或者对它表示抱歉。

除了联合目标以外，联合活动也要求劳动分工和个体角色。布拉特曼(Bratman，1992)特别指出，在联合合作活动中，个体必须一起"啮合"他们的亚计划以朝向联合目标，甚至在必要的时候互相帮忙完成个体角色。在之前引述的哈曼等人(Hamann et al.，2012)的研究中，幼儿在需要的时候会停下来帮助他们的搭档。这表明，伙伴们会互相照顾，完成各自的子目标，也许甚至会去关照伙伴对自己的照顾，或者反过来。实际上，其他研究发现，幼儿在合作中学习到关于伙伴角色的新内容，但黑猩猩不会。比如说，卡彭特等人(Carpent et al.，2005)发现，幼儿在合作中扮演了一种角色之后，他们可以快速转换到另一种角色，但是黑猩猩做不到(Tomasello & Carpenter，2005)。最重要的是，弗莱彻等人(Fletcher et al.，2012)发现，如果3岁的孩子在某项第一次参与的合作中扮演了角色A的话，比起他们完全没有参加过合作的情形来说，他们对于如何扮演角色B要了解得更多，但是黑猩猩做不到这一点。

　　幼儿因此开始理解，在多数情况下，合作活动中的个体之间可以变换角色，这暗示了儿童具有"全局视野"(bird's eye view)，可以在同一个表征形式中概念化合作中的不同角色(包括他们自己扮演的角色)(Hobson，2004)。这一物种独有的理解可能支持了一种对于自我-他人等价性尤为深刻的尊重，因为个体会去想象不同的主体/行动者同时投入同一项合作活动，同时做出类似或者互补的行为。正如在我们对于类人猿思维的讨论中所提出的，理解自我-他人等价性是使思维拥有各种组合灵活性的关键成分[这也为完全理解包含自我、他人以及所有可能参与主体具有的"主体/行动者中立性"(agent neutrality)做好了准备，这是文化规范和制度以及更广泛意义上"客观性"的关键特性，我们将会在第四章中进行讨论]。

　　学前期儿童不是我们在这里描述的早期人类的良好范本，因为他们是现代人，他们从一出生就浸染在文化和语言之中。但从他们出生的最初几天以后开始，直到第三个生日，他们就可以和其他人在一起完成具有物种独特结构的联合活动，很明显这并不依赖文化习俗或者语言。这些幼儿为了联合目标而合作，承诺投入其中，直到每个人都得到了奖赏，并期待他人也同样承诺投入到联合目标之中，将合作产

41

生的共同奖品平均分配，当打破承诺的时候会请假，他们理解自己和
搭档在联合活动中的角色，甚至在需要的时候能帮助搭档完成其角色
任务。在高度类似的环境中测试时，人类的灵长类近亲——类人
猿——无法展现出以上任何一种以联合意图性为基础进行合作活动的
能力。重要的是，幼儿也似乎拥有物种独有的合作动机，正如最近一
个实验表明的那样，在这个实验中，儿童和黑猩猩需要在与他人合作
拉动一定数量的食物，和独自拉动同样数量的食物之间进行选择。儿
童多数愿意选择合作，但是黑猩猩不管有没有合作的机会都会去食物
最多的地方(Rekers et al.，2011；Bullinger et al.，2011a)。

现在的主要观点是，早期人类似乎创造了一种新的认知模型。合
作完成联合目标创造了一种新的社会参与的形式，"我们"猎捕羚羊时
的联合意图性，每个伙伴扮演他自己在相互依赖中的角色。这种双层
次同时具有分享性和个体性的结构——有联合目标但每个人有自己的
角色——是一种人类独有的"第二人"联合参与的形式，需要物种独特
的认知技能和动机倾向。当然，在人类认知的不同方面，也有不少可
能的、令人惊异的其他成果，不过那些超出了我们在这里主要关心的
话题(见专栏1)。

42

专栏 1　理性思维

佩恩等人(Penn et al.，2008)提出，人类认知之所以和其他灵长类
不同，是因为人类会思考关系，尤其是高阶关系。为了支持这种假说，
他们回顾了很多不同领域认知实验的证据：判断关系相似性、判断相
同—不同、类比、传递性推理、等级关系，等等。

　　他们对文献的评估明显是单方面的，因为他们没有考虑那些发现非人灵长类有某些这种类型的技能的发现。比如说，非人灵长类可以很清楚地理解关系（例如，不管绝对大小如何，它们会一直选择两个物体中更大的那个），有些个体可以基于关系而非绝对特性，一再地做出相同——不同的判断（Thompson et al.，1997）。有些黑猩猩也会在使用度量模型的时候做一些像类比推理的事情（Kuhlmeier et al.，1999），且很多灵长类会做出传递性推理（Tomasello & Call，1997）。

　　不过与此同时，人类确实对于关系思维是极其擅长的（Gentner，2003）。有一个可能的假设是，实际上有两种关系思维。一种思维关心实际的空间和数量的物质世界，我们可能会在其中比较像大小、亮暗、多少、高低，甚至是相同、不同这样的特点和尺度。非人灵长类对于这种类型的物理关系和关系尺度有所掌握。它们完全没有掌握的是——尽管有几个直接的测试——另一种类型的关系。具体来说，它们可能没有掌握的是，因其在某个更大的活动中扮演的角色所定义的、功能性的事物类别。人类在创建像宠物、丈夫、步行者、裁判、顾客、客人、租户等类别方面表现突出，这被马尔克曼和史迪威（Markman & Stillwell，2011）称为"基于角色的分类"。它们是有关联的，但是并不是在物理实体方面的关联，而是在评估一个实体与它所在的更大的事件或过程之间的关系中有关联。

　　这里明显的假设是，第二种类型的关系思维来自人类对带有联合目标和个人角色的合作活动的独特理解（也许稍后会泛化成所有类型的社会活动，即便它们不是合作本身）。当人们构建这种类型的活动时，他们就或多或少创造了抽象的"位置"或者角色，这是任何人都可以扮演的。这些抽象位置形成了以角色为基础的分类，比如说一个人用来参与杀人游戏的物品，即武器（Barsalou，1983），以及更抽象的叙述者分类，比如主角、牺牲品、复仇者，等等。更进一步的推断可能是，在这些抽象位置上，人类甚至可以将关系材料放入其中，比如说，一对已婚夫妇可以在某个文化活动中扮演一个角色。这可能是佩恩等人（Penn et al.，2008）所强调的，尤其在区分人类思维中更重要的、更高阶的关系思维的基础。

　　这里的假设是，在任何情况下，构建这些需要支持合作活动的双层次认知模型，如果不是开启的话，至少也会促进人类进行更广阔、更灵活的关系思维，这些关系思维涉及的角色存在于更大的社会现实之中，也可能存在于更高阶的关系思维中。

联合注意和个体视角

　　有机体关注那些和它们的目标有关的情境。因此，当两个人共同行动时，他们很自然地会一起共同关注和联合目标有关的情境。换种方式说，因为人类会协调行为，他们也会有效率地协调注意。这里再次看到，这种协调是某种共同背景中的概念，每个人——至少是潜在地——关注搭档的注意、搭档对他的注意的注意，以此类推（Tomasello，1995）。联合行动、联合目标以及联合注意，因此都是一回事，所以它们必然一起演化。

　　当前的假设是，这种在联合注意中与他人一起参与的能力，在种系发生的起源——其最初也最实际的方式是幼儿在其中创立共同概念背景，因此可以与他人一起分享现实——存在于合作活动之中。这就是托马塞洛(Tomasello，2008)称为"自上而下"的联合注意模式，因为它是由联合目标驱动的(另一种模式就是自下而上的联合注意，就像一个很大的声响吸引了两人各自的注意，我们也知道这声响一定也会吸引另一个人的注意)。从个体发生的角度说，幼儿在9～12个月大的时候，通过联合视觉注意开始建构与他人的联合行动，这通常被称为联合注意行动。这样的行动包括拿或给一个物体，将一个球滚来滚去，一起搭积木建高塔，一起收玩具，一起"读"书。尽管在人类养大的黑猩猩中，也有这种针对辨识和乞求联合注意活动的特异性尝试，托马塞洛和卡彭特(Tomasello & Carpenter，2005)并没有发现任何联合注意的行动(也没有任何其他的关于非人灵长类中联合注意的可靠报告)。

正如在联合合作活动中每个搭档都有自己的角色一样，在联合注意活动中，每个搭档也有自己的个人视角——并且知道另一个人也有她的个人视角。关键是，**这种对视角的认知将假定我们在拥有不同视角的同时，要完成单一目标的联合注意**，这也是所有接下来的事情的基础(Moll & Tomasello，2007，in press①)。如果你从一所房子里的一扇窗户中伸出头来，我从与你相反方向的另一扇窗中向外看去，我们并不会有不同的视角——我们只会看见完全不同的东西。我们因此可以对个体不同视角这一认知做操作，条件是：①我们都在考虑"同一"

---

① 目前该书依然是即将出版的(in press)状态。——译者注

件事，②我们都知道另一个人会用不同的方式参与。如果我用一种方式看见一个东西，然后拐弯后又以另一种方式看见了它，这并不会给我对于同一事物的两种视角，因为我并不是同时看见多个视角并可以加以比较。但是当两个人同时参与同一件事的时候——而且他们有共同的基础知道他们都在做同一件事情——那么"空间就被创造了出来"
45 （借用戴维森的比喻）去理解生成的不同视角①。

　　幼儿在出生后不久，伴随着他们最早开始的联合注意行动，很快就表现出他们可以理解他人拥有和自己不同的视角。比如说，在一个实验中，成年人和儿童一起玩三个不同的物体，每一个都玩一小段时间（Tomasello & Haberl，2003）。然后，当成人离开房间以后，儿童和一名研究助理一起玩第四个物品。之后成人又回来，看到所有四件物品被放成一排，并很激动地说："哇！好酷！看看这些!"因为有个假设是，人们只有在看到新鲜物品的时候才会很兴奋，12个月大的儿童就能辨识出是这个新物品才让成人这么兴奋——尽管四个物品对于她来说都是一样新旧的。新物品是之前我们没有一起玩的那一个。

　　这是一些研究者称为一级观点采择的东西，因为它只考虑到另一个人看没看见某物，而不是她是*如何*看见的。在二级观点采择中，儿

---

　　① 戴维森（Davidson）考虑的是，一种特殊的视角——信念，一种对于世界的认知表征——可能存在错误。他认为意识到这些错误的必要条件是，在社会情境中我和另一个体同时关注同样的客体或事件，但却拥有不同的观点，亦即视角。但是意识到错误导致了一个额外的考量，因为它将其中一个视角定义为正确（另一种定义为错误），这需要找到"客观"视角。而对于客观性的意识（包括对信念的意识），直到人类继续发展出中立于行动者的观点之前，是不能够为人类所用的（见第四章）。

童理解某人会以和他们不同的方式看见同一件物品。例如，莫尔等人（Moll et al.，2012）发现，3 岁儿童可以理解成人会认为哪一件物品是"蓝色"，即便对儿童来说这件物品并不是蓝色——因为成人是通过一块有色滤镜看到物品的。儿童因此可以在他人视角与自己不同的时候，知晓他人视角。但是，当被问及他们和成人是否同时以不同的方式看到了同一物体时，同一批儿童没办法正确回答。实际上，直到 4 岁或 5 岁之前，儿童一直纠结于联合注意情境下可同时具有相互冲突的视角这类问题（Moll & Tomasello，in press①）。因此，4 岁或 5 岁之前的儿童在双重命名任务（"它"同时指代一匹马以及一匹小马驹）、表观现实任务［"它"同时指代一块岩石和一块海绵（Moll & Tomasello，2012）］，以及错误信念任务（"它"是在箱子或者盒子中）上都有困难。当儿童解决在联合注意任务上面临的不同视角之间的冲突，尤其是当两个人都意图描绘"现实"时，需要额外的技能才能够处理客体现实以及不同的视角与其之间的关系，这要等到我们的演化故事的下一步才能够解决②。

　　因此，我们来到了一个引爆点。基于早期人类与他人一起朝向联合目标进行协作任务和注意的能力，他们理解了不同个体可以对于同一情境或实体拥有不同的视角。与之相对的是，类人猿（包括人类最近的祖先）无法以相同的方式与他人进行合作，所以他们完全不理解对于

46

---

　　① 目前该书依然是即将出版的状态。——译者注
　　② 一些研究者认为，通过指示行为的儿童早期交流的特征从认知上看太丰富了（见 Gomez，2007；Southgate et al.，2007），而婴儿的交流实际上更简单些。

同一情境或实体，什么是同时拥有不同的视角。我们因此再一次遇到了同时包含联合与个体的双重结构的问题。就如同合作活动有联合目标和个体角色的双重结构，联合注意活动也有联合注意和个体视角的双重结构。联合注意因此开启了人类与他人建构主体间世界的过程——分享但是有不同的视角——这也是人类合作交流的基础。我们可能因此设想，联合合作活动中的联合意图性，就像在很小的孩子中显现出来的，是人类演化中社会分享认知的最基本的形式——这已经是早期人类的特点了——而且这种社会分享认知的基本形式引出了一种同样原始的视角式建构认知表征的方式。

社会性自我监控

早期人类作为有责任的合作捕猎者而生活，他们已经以另外一些方式形成了更深的社会性。尽管联合注意这一技能对于人类这样的合作捕猎是必需的，然而这些还不足够。一个人必须找到一个好搭档。这并不一定总是很难，即便是黑猩猩，在有一些经验之后，也能了解谁是好搭档(比如，能带来成功)、谁不是好搭档(Melis et al.，2006b)。但是除此之外，在那些进行搭档选择是有意义的情境中，一个人必须——或者至少看起来——让自己像是一个好的合作者。成为一个对他人来说有吸引力的搭档，这样才不会被排除在合作机会之外，一个人不能仅仅有好的合作技术，还需要完成自己分内的工作、在必要的时候帮助搭档、在合作结束的时候分享战利品等。

所以早期人类必须要发展出一种关注，他们要在意群体中其他个体对自己的评价，其他人是否会评价自己为一个潜在的合作伙伴，并在之后调节自己的行为，这样可以影响外部的社会性判断，让它们以正向的方式发生——我们将这个过程叫作社会性自我监控。其他的类人猿似乎不会进行这样的社会性自我监控。因此，当恩格尔曼等人 47 (Engelmann et al.，2012)让类人猿有机会与一个群体伙伴分享或者从群体伙伴处偷取食物时，是否有另一个群体成员在场观测，完全不会影响它们的行为。与之相反的是，同样情境下，人类幼儿在有另一名儿童观看的情况下，会更多与他人分享、更少从他人处偷取。

从动机上说，关心社会评价来自合作伙伴的互相依赖：我的生存依赖于你如何评价我。从认知上来说，关心社会评价会引发另一种形式的递归式思考：我关心你如何看待我的意图状态。因此，人类不仅仅要像类人猿在目标导向行为中表现的那样——依据工具性的成功去调节行为——也需要从预期重要他人所做的社会评价出发去调节行为。社会性自我监控是其中的第一步，因为这些考虑是关于某些特定的其他个体的评价，我们可能会认为这是一种"第二人"现象。因此，它们代表了一种社会规范性的初始形式——考虑到他人认为我应该以及不应该做某事或想某事——这是朝向规范性自我管理的第一步，为的是要符合群体预期，它会成为在我们的演化故事中现代人下一步行为的特点(见第四章)。

总结："第二人"的社会性投入

类人猿有大量社会认知技能来理解其他个体的行为意图，但是它们没有任何形式的联合注意。因此，类人猿理解其他猿有目标，它们有时甚至帮助其他猿实现目标(Warneken & Tomasello, 2009)，但是它们不会和其他个体以联合目标的形式合作。类似的，类人猿理解其他个体可以看见实物，所以可以追随其他猿的视线方向看到它们之所见(Call & Tomasello, 2005)，但是它们不会与其他猿进行联合注意。类人猿可以做出基于自我监控的个体决策，但是它们不会与其他猿做联合决定，或者通过其他猿的社会评价来监控自我。在当前考虑的主题中，早期人类第一次浮现出来的，是一种"我们"意图，两个个体在其中卷入了彼此的意图状态，它既是联合的也是递归的。

48   这种新形式的联合卷入是"第二人"的：是"我"和"你"的卷入。"第二人"的卷入有两个小特点：

(1)个体直接参与到社会互动中去，而不只是在外观看；

(2)互动是与另外一个特定的个体一起的，两个人形成了一个二元关系，并不是像群体那样更广泛的东西(如果有多人在场，就是有很多二元关系，但是并不是群体的概念)。

对于"第二人"卷入的其他特点的观点不那么一致，但是达沃尔(Darwall，2006)提出，③这种类型卷入的本质是"相互承认"，在其中每个搭档会对另一个人付出，也期待另一个人的给予，作为一个平等个体，带着一定程度的尊重——从根本上说是搭档间的合作态度。

而且，演化的假设是，早期人类——也许是40万年以前的*海德堡人*——演化出可以进行联合注意的技能和动机，将类人猿的平行群体活动(如你和我每个人都平行地猎捕猴子)转化成真正的联合合作活动

(如我们一起猎捕猴子，每个人扮演不同的角色)。他们也将类人猿的平行观察行为(如你和我各自看着香蕉)转化成真正的联合注意(如我们一起看着香蕉，每个人带着自己的视角)。不过早期人类并不是以现代人的方式这么做，不像由相对恒定的文化习俗和约束表现出来的那样。相反，他们最早的合作活动是临时和某个特定之人在特定情境下为了特定目标的合作，他们的联合注意与这种"第二人"的方式是类似的结构。因此与搭档之间存在"第二人"的联合卷入，但是当这个合作结束，"我们"意图也就随之结束。

这种类型的体验不断重复，认知模型图式化，因此形成了双重结构，其关键在于，当与另一个特定搭档进行直接的社会互动时，既有共享性也有个体性，在这种活动背后支持它的是某种共同背景和递归式的读心(见图 3-1)。这种"第二人"、双重社会投入的认知模型是几乎所有人类独有特性的基础。它提供了联合注意的架构，可以让人类产生形式独特的、涉及意图和观点推理的合作交流——在接下来的章节

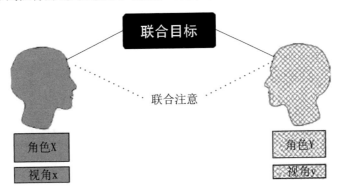

图 3-1　联合合作活动的双重结构

49 中也会看到——而且，最终，它提供了文化习俗、规范、制度的基础，是这些让人类这一物种变成了今天的现代人——我们也会在下一章看到。

一种新的合作交流形式

早期人类基于共同背景协调他们的行动和注意。但是以更复杂的方式协调——比如说，在合作时的各种意外情境中，扮演特定角色或者计划一系列的联合行动——要求一种新的合作交流形式。古代类人猿的手势和声音无法完成这种协调工作。它们无法完成的原因，首先是因为这些物种的构造完全是以服务自我为目的的，而这种方式恰恰不能适应朝向联合目标的互相合作。其次是因为它们只在直接调节他者的行为中尝试使用手势和声音，而这无法适应依据外界情境和实体来协调行为和意图的需要，如合作觅食的情境。

50 托马塞洛(Tomasello，2008)主张并举证说明，独特的人类合作交流的第一种形式是自然的指示手势与手势语，用以帮助他人、告知他们与之相关的情境。指示手势和手势语是人类普适的，甚至讲不同习俗语言的人也可以用它们来进行有效的交流，至少在有一些共同背景的情境下是如此。但是要做到这一点，需要有共同基础的背景，在其中有一套极其丰富而深刻的人际的意图和推理。如果我为你指示了一棵树的方向，或者打手势给你指了一棵树，但没有共同背景的话，你无从推测我试图要向你交流什么或者为何要交流这个。因此指示手势

和手势语造成了早期人类社会协调的新问题——不只是在与他人协调行为之中需要，而且在协调意图状态之时也需要——解决这些新的协调问题需要新的思维方式。

交流的新动机

在联合合作活动中，搭档是互相依赖的，正是为了每个人的利益而去帮助另外一个人扮演好角色。这是人类交流中新动机的基础，其他猿类是没有的(Crockford et al.，2011，有一个可能的例外)，换句话说，是通过告知另一个人与之相关的情境信息的动机。这种动机的浮现得到了联合合作活动的情境中一些事实的辅助，指导性交流和告知性交流并没有清晰的区别——因为搭档们的个人动机是如此紧密地纠缠在一起。因此如果我们一起搜集蜂蜜，而你不知道该如何扮演好自己的角色，我可以指向一根棍子，我的意图是指出你可以使用它，或者，另一种可能是，我指向一根棍子，仅仅告诉你它的存在——因为我知道，如果你看见了它，你很可能想要使用它。当我们一起朝向联合目标工作的时候，这两种方式都管用，因为我们的利益是如此紧密一致。

因此这个演化假设是，早期人类第一个合作交流的行动，就是联合合作活动中的指示手势，这背后的交流动机，还未从请求性和告知性之中分化出来。但是在某个时刻，早期人类开始理解他们和其他人的相互依赖，不仅仅是在合作进行的时候，而且是更普遍的：如果我最好的搭档今晚饿了，我应该帮助她，这样她明天打猎的时候状态才会好。而且在合作行为之外，我为了自己的利益向你要求帮助，以及我为了你的利益告诉你有用的事物，这之间的差别变得非常明显。所51以早期人类出现了两种明显不同的指示交流的动机——请求性的和告知性的，这是每个人都会理解并发出的。

当类人猿在实验中一起工作的时候，几乎任何形式的意图交流都完全不存在(Melis et al.，2009；Hirata，2007；Povinelli & O'Neill，2000)。当猿类在其他情境下互相交流的时候，总是命令性的(Call & Tomasello，2007；Bullinger et al.，2011c)。完全相反的是，当人类幼儿一旦可以与他人进行有意义的合作，在14～18个月大的时候，他们就会使用能够协调联合行动的指示手势(Brownell & Carriger，1990；Warneken et al.，2006，2007)——同样，他们带着一种模糊性的告知，旁观者并不知道他们的动机是请求性的还是告知性的。但是，同样是在合作活动之外，甚至是12个月大的婴儿有时也会用指示来简单地告诉他人这样的东西，如一个要被找寻的物体的位置。利斯考夫斯基等人(Liszkowski et al.，2006，2008)将12个月大的婴儿放在不同的情境中，他们看到成年人会错误地放置一个物体，或者找不到这个物体了，然后成年人开始搜寻它。在这些情境下，婴儿会向成人指示那个被寻找的物品(比起那些成人不需要的但是被错放在某处的分心物，婴儿更会指向成人要找的这些物品)。他们这么做的时候，没有表现出自己想要这个物品的任何信号(没有哭闹、伸手够等)。婴儿仅仅想要告知对方，那个被找寻物品的所在之处，以此来帮助成人。

除了类人猿一般性的命令性动机，告知性交流动机的产生对于人类独特思维的演化有三个重要的影响。首先，告知性动机是让交流者做出承诺，要真诚且准确地将事情告诉其他人，也就是说，要说出真相。如果个体想要被看成是合作的，他就需要向其他个体做出真诚交流的承诺，这最初体现在合作活动当中，之后扩展到其他类型的活动当中(因为人类相互依赖已扩展到合作活动之外了)。当然，你还是会撒谎：你出于某些自私的动机，给我指了一个地方希望我去那里寻找我的矛，即便它并不在那里。但是谎言只有在一开始有共同的合作假设和信任的时候才会有用：你撒谎是因为你知道我会相信你的话，我会认为它们是真的并且因此行动。而且，当还有另外某种方式得到真相，就像在语言表达中的"客观性"特点(见第四章)，如果我们想要解释人类尽管有自私的目的，但还是会承诺准确描述世界的这一现象的起源的话，那么不是为了自己的利益，而是为了他人的利益，承诺真实地告知他人事物，就是起始点。真实这个观念因此进入了人类的心灵，前提并非是个体意图性及其关注获取信息的准确性，而是伴随的联合意图性及其对与他人合作性交流的关注[①]。

　　这种新的合作交流形式的第二个重要结果是，它创造出了新的推理形式，即一种相关推理。合作交流行为的接受者问自己：考虑到我们共同知道的事情，他正在试图帮助我，为什么他认为我将发现他为我指出的情境恰好与我关心的事情相关？想一想类人猿。如果一个个体指向并看向地面上的某个事物，猿类会依照指示/目光去拿到食

---

　　① 说谎的可能性意味着接受者需要练习"认知警觉"(Sperber et al., 2010)。因此对于正确命题的注意同样是从理解互动开始的，理解者尝试区分真实和欺骗性的交流行为。

物——不需要推理。但是如果食物藏在两个桶之中的一个的时候（猿也知道只在其中一个里面），当人类指向一个桶，猿类是没有线索感觉的（Tomasello，2006）。猿遵循人类的指向并且看向桶，但是之后它们不会像人那样做出直接的推理，将自己的注意力指向那里，因为人类会认为这与他们当前搜寻食物有关。猿类不会做出这种相关推理，因为它们不像人类那样了解帮助性告知（类人猿的交流是命令性的），这意味着它们对人类为何指向两个无聊的箱子之一完全不感兴趣。重要的是，类人猿并非完全不能从人类的行为中得出推论。当人类先将它们设置在一个竞争性的情境中，然后绝望地指向其中一个桶的时候，类人猿就会立刻知道食物在那个桶里（Hare & Tomasello，2004）。它们做出竞争性的推论，"他想要那个桶里的东西，因此食物肯定在那个桶里"，但是它们不会做出合作性的推论，"他想让我知道那个桶里有食物"。

这种行为模式与人类婴儿的行为模式形成了极大的反差。在同样的情境下，前语言期的 12 个月大的婴儿就能信任成年人，相信成年人会指出与他们当前的探寻相关的东西——他们理解告知性动机——所以他们立即知道指向桶的行为包含了奖励（Behne et al.，2005，2012）。人类很自然地认为群体活动中彼此应该是合作的，以至于他们发展出了一套独特的信号——诸如目光接触以及指向性声音——通过这样的方式，交流者对接收者强调了他有一些相关信息给她。因此，就像演化的例子一样，假定当我们合作捕猎的时候，通过目光接触或者兴奋的声音，我为你指出了一丛灌木上的莓果。你看见了灌木，但是一开始你没看见莓果。所以你问自己，为什么他觉得灌木和我有关系——

而这会让你更努力地去寻找一些真正相关的东西——由此你发现了莓果。作为交流者，我知道你作为接收者将要参与这个过程的前提条件是且仅是：你将我看成会合作性地引导你注意力的人，所以我想要确保你知道我在做这件事情。因此，我不仅想要你知道这里有莓果，我还想要你知道我想要你知道这个——这样你才会遵循推理过程得到这个结论(Grice，1957；Moore，in press①)。通过清晰地让你找到，并且基于我们对于合作的共同期待，我是很明确地在说，"你会想要知道这个"——而你确实想要知道这个，因为你相信我的头脑里装着你的利益。

这种新的交流形式的第三个也是最后一个结果是最近才浮现出来的，至少以尚不成熟的形式，那就是两种交流句式(communicative force②)之间的区别——就像请求性和告知性这两个概念直接的意思——以及由指示手势所表明的那样，是情境性和建议性的(注意：这意味着到这个时候为止，早期人类需要有意地控制他们情绪的声音表达，而类人猿不用)。早期人类现在可以指向灌木中的莓果了，带着两种不同的动机之一，以语调表达：要么是一种坚持的请求性的语调，这是希望接收者可以为她去摘一些莓果；或者一种中性语调，仅仅意在告知接收者莓果的位置，这样她可以自己去摘。我们现在就可以对

---

① 2015年时，此篇引文的题目已改为：制定并理解交际意图(Enacting and understanding communicative intent)，标记为未出版手稿(unpublished manuscript)。——译者注

② 这里将"force"译为"句式"，意在与"content"对应，后者译作"内容"。"force"的本意是力量、作用力，意指交流中除去内容之外的交流信息，通常以语气语调、时态情态、主动被动语句、结合上下文含义等方式表达。——译者注

交流句式和交流内容做出区分：交流内容是莓果的存在，而交流句式要么是请求性的要么是告知性的。当然，所有这些都是内隐的，所以我们还得用某种方式来达到一致，因此交流的句式和内容之间的外显区别在习俗语言交流中就非常重要(见第四章)。但是这里的突破是，通过此间对语调注意的导入，指示性内容(情境的、建议的)得以独立于交流者动机和意图而被了解。

所以，早期人类的联合合作活动为他们的交流创造了一种新的动机结构，即想要另一个人诚实又有帮助地告知一些信息的合作性动机。这也驱动接收者做大量推理工作，好去理解为何交流者认为看向某一个特定的方向同他们所关心的事情是相关的，之后有动机的交流者在有一些与接收者相关的东西的时候就去通知他。现在可能有两个不同的交流动机(请求性和告知性)这一事实意味着，交流行动中情境的(命题的)内容开始被概念化，并且独立于交流者的特定意图状态。

交流中的新思维方式

交流中帮助并合作的动机意味着，从认知的观点来说，交流者必须能够决定哪一种情境在某一特定场合下与接收者有关。相反，接收者必须能够分辨预期的情况，并知道它与他们有关，根本上说，就是要在这个情境下判断在交流者的指示手势中，交流者认为什么与他们相关或是有趣的，以及为什么。这个基本的问题是交流者希望对接收者做出的——他的交流意图①——像事实一样的完整情境,比如说,树上有香蕉,或者树上没有天敌。但是指示的这个动作——那根伸出的手指——在所有情况下都是一样的。所以困扰的是,一个人怎么才能以同样的知觉景象向一个接收者指示不同的情境?

回答这个疑问的关键就是参与者共同处在同一个交流性互动之中,他们都假定交流行为是与接收者有关的(Sperber & Wilson,1996),这种相关总是和某个与我们共同了解的知识有关(Tomasello,2008)。除去交流,一个情境与你有关是因为你的个人原因。但是对我来说,要想在交流中成功地将你的注意指向那里,你必须知道我知道它与你相关;实际上,我们必须同时有共同认识:这与你相关。因此,最简单的情境是,当我们在合作活动中时,我们的联合目标会带来最相关的共同知识背景。比如说,如果我们已经找香蕉找了一整天也没有找到,你自然会假定我指向一棵香蕉树是想告诉你那棵树上有香蕉这一事实。另外,如果我们一起找香蕉不过几分钟的时间,但是那棵树上有一个天敌,所以我们会等待,现在天敌似乎离开了,你将自然假设我暗示你的事实是现在树上没有天敌。共同知识背景以及对相关事物的共同假设(这对类人猿是不可能的,因为它们不会参与这种类型的合作交流)让人们的心智在这根伸出的手指的方向上汇合了。

接着第二章的分析,相关情境是那些为个体达成目标并维持其价

① 出于简化的考虑,这里使用的术语与托马塞洛(Tomasello,2008)使用的有细微差异,指示行为的基础是交流性意图。这里的交流性意图包括了格赖斯(Gricean)所说的交流性意图背景中的社交意图。

值而给个体呈现机会和/或障碍的场合。因此，如果在我们一起找水果的过程中，我指向了一棵远方的香蕉树，你绝不会理解为我要指出树叶是存在的，即便在那个时刻你能看到的只是树叶。因为树叶的存在不可能与我们在做的事情有关。相反，你将继续寻找，直到你看见一些香蕉在叶子后面，它们的出现与我们在做的事情高度相关。这个过程的另一个维度是，只有"新"情境是在交流上相关的，因为当前的共享情境没有必要被特意指出。所以，在上面这个例子里，在天敌离开了香蕉树之后，我指向香蕉树，意在说明现在的情境中天敌已经不在了，这是你很容易就可以观察到的。如果香蕉出现也是高度相关的，我得如何提示且你得如何推理出天敌已经离开了呢？因为出现香蕉已经在我们当前的共同认识里面，所以我为你指出这个情境就太多余了。如果我想要对你有帮助，我必须指出对你来说是新异的情境，要不然为何要多此一举呢？所以，在人类合作交流中，交流者和接收者都在共同背景中共同假设，交流者为接收者指出的情境既是相关的，也是新异的。

或许令人吃惊的是，即便是幼儿也能一直留意与特定他人之间的共同基础，他们对此非常有经验，并且会以此理解并产生指示手势，共同的知识背景将决定相关物是什么。比如，利贝尔等人（Leibal et al.，2009）让一名一岁大的婴儿和一名成人一起整理，将玩具拾起并放到篮子里。在某个时刻，成人停下来，指向一个目标玩具，婴儿就会将它放到篮子里收起来。但是，当婴儿和成人还是以完全同样的方式整理，但另一个成人没有和他们共享这个情境，如果他走进房间并以同样的方式指向这个目标玩具，婴儿不会将玩具放回盒子里，他们多数会将它递给这个成人，可能是因为第二个成人没有和他分享这个整理游戏，这不是他们的共同背景。因此婴儿的解释不取决于他们自己当下的自我中心活动和兴趣，这些东西在两种情境里是一样的。他们的解释取决于他们和每一个做出指示的成年人之间共享的经验。〔在另外一个研究中，利贝尔等人(Leibal et al.，2010)发现同年龄的婴儿也能依据他们和接收者之间不同的共同背景来产生不同的指示。〕

　　这个年龄的婴儿也会使用新异的共同假设来判断，做出指示的成人认为什么东西和他们有关。因此，莫尔等人(Moll et al.，2006)发现18个月大的婴儿和一名成人一起玩一个玩具鼓，如果另一名成人进入了房间，很兴奋地指向这个鼓，孩子就会认为他在说这面很酷的鼓。但是，如果是刚刚和他一起开心地玩过鼓的成年人以完全同样的方式兴奋地指着鼓，孩子就不会假设她是因为鼓而兴奋：她怎么会呢，我们早就知道了呀？相反，儿童会认为成人的兴奋一定是源于鼓的某些新异特性，一些他们此前没有注意到的新东西，所以他们会注意新的方面，如在成年人那一侧的鼓。在他们生成指示的过程中，婴儿也会利用共享信息和新异信息之间的区别。比如，当一个14个月大的婴儿想要妈妈把他的高脚椅放到餐桌旁边：在一个情境下他指向了椅子(因为他和他妈妈已经共同注意到了餐桌旁边的空位)，而另一个情境中他指向了餐桌旁边的空位(因为他和他的母亲已经共同注意到了那把椅子)(Tomasello et al.，2007a)。在两个情境中，婴儿都想要完全一样的东西——要把他的椅子放到餐桌边——但是要想有效地交流，他会假定他和母亲已经看到的物体是他们共同认识的一部分，所以他指出的是她可能没有注意到的部分，那个情境中的新情况[①]。

从事这种类型的合作(明示-推理)交流需要某些新的思维形式。实际上，思维过程的所有三个成分——表征、推理以及自我监控——一定要变得社会化。

关于表征，关键的创新点在于交流互动中的两个参与者在此情此景下都必须互相表征对方的观点。因此，交流者试图聚焦于接收者在很多可能的情境之一时的注意力——像事实一样的表征——在当前的感知景象里固有的(如树上有香蕉 VS 树上没有天敌)。因此交流行动为接收者感知了这个场景。他也感知了元素。比如说，如果我们在生火，我对你指出一块木头的存在意味着木头是生火的木头。但是如果我们要整理洞穴，我对你指出同样的一根木头就意味着那是件垃圾。在客体选择任务中，交流者不是指出*作为物体*的桶或者*作为盛水容器*的桶，而是指出*作为放置地点*的桶：我在告诉你，奖励就放*在那里*。合作交流因此创造了事物的不同概念或者解释说明。这预示了使用语言的生物有能力将同一个实体在不同的"描述"或者"不同方面的形态"之下进行放置，这是人类概念思维的一个标志性特征；但是人类没有使用任何带有明确说出语义内容的习俗性的或者象征性的工具，就做到了这一点。

关于推理，关键点是，在合作交流中所使用的推理具有社会性递

---

① 一些研究者认为，通过指示行为的儿童早期交流的特征从认知上看太丰富了(见 Gomez，2007；Southgate et al.，2007)，而婴儿的交流实际上更简单些。

归的特点。因此，在所有前述特性中都内隐了一点，即个体来回做出关于搭档对于自己意图状态的意图的推论。比如，在客体选择任务中，接收者推断交流者想要她知道食物在桶里———一种社会性递归推理，类人猿很明显是不会做出的。所有情况下的此类推理都需要一种溯因式飞跃，大概是像这样的东西：他之所以指向一个无聊的桶一定是有意义的(如可能符合共同认识、相关性以及新异性)。比如，他是想让我知道奖励在那里。交流者的责任是试图帮助接收者恰当地做出溯因性的飞跃。要实现这个目标，在很多情境中，交流者必须进行某种模拟，或者思考，在其中他要想象，指向一个特定的方向是如何引导接收者做出一个特定的溯因推理：如果我指向了这个方向，他对我理解他的意图状态的意图会做出何种推理？而之后，当做出了溯因推理之后，接收者可以潜在考虑交流者考虑到了他可能对于他的交流意图做出什么样的推理。如此往复。

最后，关于自我监控，关键是，如果能够以这种方式交流性地操作，要求个体以一种新的方式进行自我监控。与类人猿的认知性自我监控相反，这种新方式是社会性的。尤其是作为一个正在与他人沟通的个体，他同时想象自己是尝试理解他人的接收者角色(Mead，1934)。因此诞生了一种新的自我监控类型，交流者以这种方式模拟接收者的视角，以检查交流行为是否形成得足够好，好让它可能被理解。这与早期人类考虑自我形象的特点完全不一样(在早先讨论协作的时候提到过)，个体在其中要模拟他者会如何评估自己的合作性——只不过在这个情境中要接受的评估是综合理解能力。重要的是，这两种类型

58

的自我监控都是以一种"第二人"的方式"标准化"的：行动者从其他社会性主体会如何评估的视角来评估自己的行为。对于这个过程，莱文森（Levinson，1995，p. 411）说，"有一种非同凡响的改变发生在我们的思维之中，当我们开始因为考虑到我们的行为会被协调而行为的时候——我们就需要设计我们的行为，好让它们可以自我证明"①。这种基于合作交流中的理解而进行的社会性自我监控，构成了现代人类社会理性规范的基础，而在现代社会中，社会理性则意味着让同伴理解要传达的交流信息。

合作性交流中涉及的这些新思维过程在两项幼儿研究中得到清晰体现。第一个是来自利斯考夫斯基等人（Liszkowski et al.，2009）所做的 12 个月大婴儿的实验，是从交流者的视角来做的。在这个研究中，一名成人和一名婴儿玩游戏，游戏中婴儿会反复需要某个特定物体，而且总是在盘子中同一个位置找到它。在某个时刻，婴儿需要一个这种客体，但是手边没有。要想获得一块，有很多婴儿会使用"向成人指空碟子"这个策略，也就是说，定位出之前他们都共同知道的这种物体所在的地方。要想做出这种交流行动，婴儿需要模拟成人理解的过程：如果我指了盘子，她会做出什么样的溯因推理(关于我对于她的意图状态的意图)？这不是一个简单的联系，正如在黑猩猩中表明的，它们完全具有联结学习的能力，但在这种设置下却不会努力将人类的注意力

---

① 换个说法，将一个物品砸向另一个人是一回事(很多类人猿也会这么做)，但要是将东西扔给另一个人并预期他能够接住，那是完全不同的另一回事(Darwall，2006)，类比来说，后者才是交流者在人类合作交流过程中所做的。

导向空盘子(即便在同一个研究中，它们在其他情境下确实做出了指示的尝试)。儿童模拟了成年人对于他们对他的意图状态的意图的推理。

为了更形象地表明这个过程，而且从理解的角度来看，我们可能会考虑"标记"(markedness)这个现象。在一些情境中，交流者可能会把她的交流行为中不同寻常的部分做个标记(如用声调的强弱)，这样接收者不会做出常规推理，而会做出不同推理。比如，利贝尔等人 (Liebal et al.，2011)让一个大人和一个两岁的孩子将玩具整理到一个大篮子里面去。在正常进行的过程中，当大人指向地板上的一个中号箱子的时候，儿童会认为这个信号是表明她应该将盒子也收纳到篮子里。但是在某些情况下成人一边眨眼并一边持续向孩子指，很明显不是要以通常的方式做事。成人很清楚地想要一些和常规不同的东西。在这种情况下，很多儿童会困惑地看着成人，但是然后就会去打开盒子，看看里面有什么(并且把**它**收拾好)。这种行为最直接的解释是，儿童理解成年人正在期待他会如何对一个常规点做反应，他理解成年人并不想要常规反应，所以他会标记这个指示手势，这样她可以被激励去寻找一种不同的解释。这是孩子思考关于大人对他们的思维的思考。

因此，人类合作性沟通中涉及的这类思维在演化上是比较新的，它包含了视角性递归和社会性递归。个体必须要思考(模拟、想象、做出推理)沟通同伴如何思考(模拟、想象、做出推理)自己的思维——至少要这样。类人猿完全无法表现出做出这种推理的迹象，它们无法理解即便是最简单的合作指示行为。比如，研究者在客体选择任务(在同一个任务设置中做无递归推理)中得到了正面证据，表明它们做不到。

59

人类在合作交流中的思维也包括一种新的社会性自我监控，交流者在其中想象接收者采用了或者将要采用什么视角，去理解他对于她的意图的意图——所以想象她会如何理解它。总体来说，我们在关于人类交流的演化故事的这个时刻所得到的，是个体尝试通过互相指示新的且相关的情境，来协调他们的意图状态以及他们的行为。这依赖于他们有一定程度及类型的共同认知，并且进一步要求他们的互动可以形成一系列的连锁和社会性递归推理，从而互相理解对方的观点和意图状态。

手势语中的象征

60 在指示手势之外，人类使用的第二种类型的"自然"交流是自发产生的、非习俗的象形手势或手势语。这些手势被用来引导他人对不在场的实体、行为或情境的想象。象形手势超越了指示手势，后者只是简单地将关注导向情境的行为，而象形手势实际上以一个外部形象象征了一个实体、行为或者情境。象形手势是"自然的"，这是因为他们使用的是通常有效的意图性行为，只是用了一种特殊的方式。接收者在观察这些手势的基础上，可以想象交流者以手势语的方式表达的真实的行为或客体，之后，他们在共同认识的情境中，会对交流性意图做出恰当的推理。象形手势的告知性使用的例子有：以滑动方式移动手来警告他人旁边有蛇，通过在自己头上模仿鹿角（或发出声音）来告知他人水边有一只鹿，或者通过模仿游泳来确定一个朋友的下落。如果有恰当的共同背景知识，这样的手势交流能很有效地告知所有类型的不在场情境。

非人灵长类不使用象形手势或声音。类人猿可以很容易地用它们的手像人那样做出模仿进食或饮水的手势，但是它们不会那样做①。实际上，类人猿甚至不理解象形符号。在一个改进的客体选择实验中，一个人拿着一个客体的复制品，在其下藏有食物。两岁的儿童知道这意味着要去搜索有类似外表的客体，但是黑猩猩和猩猩都不知道（Tomasello et al. , 1977；Herrmann et al. , 2006）。在后续的实验中，我们一直试图引出猿类的象形手势，在那些情境中如果它们能做出，那是会带来好处的（比如，告诉人类如何为它们从一个设备里获取食物，那是只有它们才知道如何操作的），但是到目前为止都没有成功。假设是，类人猿不理解象形手势，这是因为它们不理解显而易见地标记为"为了你"（合作性）的交流。如果一只猿看见有一个人在砸坚果，它们完全明白这个人在做什么，但是如果它们看见这个人在没有石头或坚果的条件下做出砸的动作，它们就完全糊涂了。要理解象形手势，一个人必须能明白在他们通常的工具性的环境之外做出的意图性的行为是为了交流——因为它们被交流者通过不同的明显信号（如目光接触）标记为这样的目的。扩展莱斯利（Leslie，1987）对假装的一个比喻，那奇怪的行为必须被"隔离"出来，它们不能被理解为工具性的行为，它

---

① 一些研究者认为，有的类人猿的意图—动作实际上是以象形的方式来运作的。比如，在性或游戏情境中一只大猩猩仪式性地推操另一只大猩猩（Tanner & Byrne，1996）。但是这些更可能只是普通的仪式性行为，而被人类形象化了，这并不是类人猿自己行为具备的功象形功能，而是为了对方的身体移动到自己想要的方向。

们应被标记为"仅供交流使用"。

61　　个体能够做出象形手势的另一个先决条件是他可以产生肢体动作去"模仿"一个真实的动作(或物体)。假设做这件事的能力源于模仿能力，和其他猿类相比，人类在模仿能力上更胜一筹(Tennie et al.，2009)。早期的人类就已经明白，"模仿"一个动作并不是真的去完成动作，而是带有明确的交流目的(通过动作模拟)，它可以使一个接收者想象到各种相关的场景而不只是当前可感知的场景。在这种关联中，一个重要的潜在社会情境就是教导(teaching)，源于教导的原始场景是长辈教导晚辈，其在演化上有一定优势。奇布劳和格利(Csibra & Gergely，2009)解释了他们所说的"自然教育"(natural pedagogy)，着重指出了其与合作交流的密切联系。最基本的教导方式是演示，即通过直接去做或打手势的方式向别人展示一件事情。就像交流一样，做动作并不是基于动作本身，而是为了给观察者或者学习者带来益处。这样，用象形手势进行交流就需要主体能理解明示交际(ostensive communication)，同时具有一定的动作模仿能力。

　　重要的是，象形手势也许能够准确地描述出所指物体或动作，但也有可能就像指示中的那样，潜在的交流意图会有一个大的推理跳跃。为了填补推理中的这种空白，就像用手指划的动作，需要具备共同基础和合作及相关性共有假设。假设在我们接近洞穴的时候，我向你模仿蛇的移动，如果你不知道蛇经常出没在洞穴，你大概会奇怪为什么我会这样子向你做动作。在现实世界中有个例子，我们观察到一个小孩子通过机场安检的情况。安检员用仪器检查她的时候，手做出转圈的动作，意思是让她转身来检查她的背部。这时孩子会盯着安检员，也慢慢地伸出手做出转圈的动作，可见，她并不能理解他的意思是让她转身。很显然，他们对安检程序没有共同基础。

然而，这仅仅只有一种基本的指示（pointing）动作①，而象形手势有无数种可能，或者具有"离散的无限性"。对于象形手势，每一种至少都有与其一一对应的动作或指示对象（虽然对于每种指代场景通常都只有一种典型与之对应）。这意味着象形手势即使不是约定俗成的，也应该包含某种语义的内涵。在拥有适当的共同基础的前提下，通过指示，我可以向你传达一张纸的形状、大小和材质，但每个情形下的独特视角并不包含在指示这一动作本身当中［参见维特根斯坦（1995）关于此问题的深刻讨论（或许需要读者自己从文中挖掘）］。但通过象形手势，我可以通过不同的形象符号描画出这些不同的方面和行为，为你指示出纸的形状、大小和材质，或者是我想让你在纸上写字，抑或是扔了它。这样，象形手势就有了重要的新特点，即事物或情境的不同视角现在可以通过含有语义内容的外部具有象征意义的媒介表现出来，而不仅仅隐藏在指示这一手势当中。

与之相关的是，在一种自然语言中，绝大多数的交流习惯都是使用类别术语。也就是说，普通名词和大多数的动词被约定指向实体的类别，像"狗"和"咬"，这也意味着，谈及特定的"狗"和"咬"时，我们

---

① 一些当代文化不只是一种指示行为（例如，使用食指进行指示，有些时候小指会同时展开），但我们的推测是，这源自最初的食指指示行为，也是所有儿童一开始的指示行为。

必须做出一些实用性的假定(比如,名词使用中的**这条/我的狗**或是**隔壁的狗**;或是体现在动词的时态上,如**正在咬**或**咬过**)。象形手势已经是类别术语(category terms),因为它们启发了接收者去想象与之相似的事物(一个人也可以用手势表示另一个人——比如,通过模仿她独特的言谈举止——因而至少原则上来讲,普通名词和专有名词的区别在于其形式)。分类维度同视角紧密地连在一起,从这个意义上说,称一个人为比尔或者史密斯先生并不属于视角的范畴,因为它不是类别术语,但称呼他为父亲、男人或者警察则是视角性的,因为它把他置于了"一个描述的下面"(under discription),也就是说,这使他在不同的环境中为了不同的交流目的而被不同地视角化(perspectivize)。

象形手势是通向语言学道路上的重要一步,因为他们在语境下有象征意义,至少可能是具有类别性的。有个有趣的事实能强化这一点——虽然孩子在早期发展过程中会产生(produce)一些象形手势,但他们在学习语言(2岁)之后渐渐地减少了使用,与此同时指示的频率却随之增加。一个假说指出,指示的增加是因为他们语言的不完整性需要通过不同功能的动作来补充。作为一种具有语义内容的象征媒介,象形手势在与语言学约定的竞争中处于劣势,其中有很多明显的原因,毕竟,除了几个特例之外,它都需要在现场创造自发的手势。

66　　如果我们想象一个演化的类比,故事很可能是一种习俗交流形式取代象形手势,而指示却留存下来。之后,无论在演化还是个体发生上,表演非事实情境的能力再次在其他功能里涌现。例如,虚拟及其他形式的虚构(见专栏2)。

专栏2　作为空间想象中的手势语

使用象形手势和手势语进行交流，可能具有两大重要的认知结果。前者源于其涉及想象与假装行为（pretense）的密切参与，进而引发模拟。相比指示，象形手势可以通过沟通时的想象使得其指代事物更少受时间和空间的限制。当我告诉你在山的那边有一只羚羊，或者警告你我们将要走进的洞穴里有蛇，或者告诉你关于刚刚完成的打猎情况，我必须要表演出全部场景和行为，即便场景中的主要参与者可能并不在场，抑或行为是已经发生过的或者只是预测。

一个假说认为，象形手势取决于先天具备的想象技能及其在新异场景中的运用。一只黑猩猩能够想象在水坑里等待它的是什么，但我们现在谈论的却是通过表演的方式向其他个体描画出想象场景，基于共同基础遴选出那些符合接收者知识框架和兴趣的内容，以方便对方接受且有动机接受。我们可以认为，人类演化出了更为强劲的想象形式，使其能够以一种联合想象向其他个体表演出相关场景。事实上，我们从幼儿日常生活中已经可以观察到此类行为：他们在家长或同龄人面前假装棍子是一匹马，或者他们是超人。这样，以我们现在的观点，这种假装游戏（pretend play）的演化起源就可以在正式交流活动中的手势语中寻得，而由于它的功能看起来不是那么明显，所以就显得有些神秘。在现代人类当中，手势语交流已经被习俗语言所替代。当孩子们习得习俗语言，那种通过用手势创造假力及同他人创建虚拟场景当作一种没有动机支撑的假装活动（pretense activity）。很多学者也认为，进行假装是表象和现实区分的来源之一（Perner，1991），就像我表演出虚拟的 X 为的是表现出真实的 X，以及一般而言的反事实思维（counterfactual thinking）（Harris，1991）。

所以象形手势第一个让人惊奇的效应就是，在人类演化中它们的出现带来了与他人一起或为他人表演出各种假装场景的技能。这也许就是所有想象情境和人类置身其中的制度，这类人造物产生的基础。另外，如果我们把故事稍微延伸一些，假设塞尔（Searle，1995）称为文化"地位功能"（status functions，如做一个总统或丈夫、用一片纸代表钱）的产生在个体发生和种系发生上依赖于类似儿童把木棍当马的假装游戏同样是合理的，后者赋予木棍一种特殊的能力，这同任命一个人为总统在某种程度上是相似的（Rakoczy & Tomasello，2007）。如果思维本质上是一种想象形式，那么个体很难高估镶嵌于象形手势中的为他人想象某物在人类独特思维的演化和发展当中的重要性（Donald，1991）。

象形手势和打手势带来的第二个认知效应具有更多的推测性。几乎每一个研究人类认知的人，都承认空间概念有极其重要的作用。毋庸置疑，有很多理由可以解释这一点，其中有一些则简单地强调空间总体上对灵长类认知的重要性。例如，很多人都知道的情景记忆同空间认知的密切联系。

但是随后，一些理论家对这种联系做了更加深入的研究，其中以拉考夫和约翰逊（Lakoff & Johnson，1979）的开创性研究为序幕。众所周知，人类经常借助具体的空间关系来隐喻和类比那些抽象情景或实体。比如，我们把某些东西放进或拿出我们的讲授内容、我们陷入爱情、我们在通往成功的路上、我们在事业上不知道要去往何处、我走神了、她的理智回来了……这里我们不仅是在讨论表层隐喻，更是在谈论那些概念化复杂和抽象情景的基本方法。因此，在约翰逊（Johnson，1987）的后续研究中，他确定出一系列贯穿我们思维的被称为意象图式的结构，如包含（containment，某一内容的进或出）、部分—整体（part-whole，关系的基础）、联结（link，我们彼此联结）、障碍（obstacle，教育匮乏阻碍了我的社交生活）、路径（path，我们在通往婚姻的路上）。

　　很多学者注意到，甚至在语法中也存在不规则空间的凸显，一些研究者甚至把其称为"空间语法"（space grammer）。一些早期的句法格（syntactic case）关系研究也强调，很多"格"的标识在历史上起源于服务空间关系（如不同种类的介词）的单词。塔尔米（Talmy，2003）则假定了一个人类图像系统（imaging system），指出它借助非常强的空间成分建构起了语法。这样，他认为的一个中心图式就是主体通过其对其他实体产生效应的动力图式（force dynamic schema）（如投资者的焦虑冲垮了股票市场）；另外一个则是沿着路径的各种虚拟移动。他同时提到，很多复杂的关系从空间角度被表达出来，其中拓扑关系占支配地位。更为甚者，有研究者认为，符号性习俗语言用空间来描述各种语法关系，包括从照应关系到"格"角色（如 Liddel，2003），而如果真如我们在这里假设的，人类最早的语言习俗存在于手势的形态当中，上述观点无疑是很重要的。

在个体发生方面，曼德勒（Mandler，2012）认为儿童最早的语言发生主要立足于一套空间意象图式（鲜活运动、因果运动、运动路径、运动阻碍、包含等）。这些图式构成了儿童早期谈论某人做某事［操控性活动场景（Slobin，1985）］、描述某个物体移动［图形—背景场景中的物体沿着路径的运动（Slobin，1985）］的概念基础。这些都是儿童最早谈论的内容，同时沿着路径移动中的基础空间关系在所有阶段都起着重要作用。

这样，我们推测，除了解释空间对人类认知重要性的种种其他理由，更重要的理由在于演化早期人类通过手势交流在虚拟空间借助于虚拟角色和虚拟行为为其他个体概念化了很多事物。基本上，通过自发性、非习俗化手势描画很多事物的唯一途径是，在空间中表演出意指的物体和事件。所以，如果我们认为人类的思维与交流（我们如何为其他个体概念化事物）有密切的联系，那么在我们的历史上以通过空间中的手势语交流来表演已有一段时间这样的事实，在解释空间于人类认知中不同寻常的作用上可能扮演着极为重要的角色。

这样，象形手势代表了人类沟通和思维发展中的一种中间形式，架起了从为他人告知性的指示和共同概念基础背景中的视角到习俗语言沟通之间的桥梁。这种跨越涉及掺杂类别语义内容的外部符号表征形式，然而，象形手势几乎总是存在视角上的模糊性这一潜在问题：如果我模仿扔标枪，谁应该扔？我、你，还是其他某个人？当然，通常这由我们的共有知识背景决定；正常来说，如果我要求你去这样做，或者我表达了做这件事的意愿，或者报告我们朋友的活动，相关指示都是很清晰的。但是在一些情况下，比如说，描画早晨的狩猎活动，相关指示则变得不清晰。唯一解决这个模糊问题的方法就是进行进一步的沟通，或直证或形象表示，这就导致了在习俗语言出现之前早期人类自然手势沟通中最复杂的方式：结合手势的复合表达。

组合手势

类人猿不会通过组合手势、组合发音或者是组合手势与发音来创造新的交流方式（Liebal et al., 2004；Tomasello, 2008）。但是人类却能做到，不管是处于交流发展初期的幼儿，还是处于根本没有接触过习俗语言、声音、符号的儿童，都能做到这一点（Goldin-Meadow, 2003）。

然而，尽管当前没有充分的理由解释为何一些个体不能将各种指示的姿势串联起来理解（有些个体偶尔会做到这一点），但这种情况并不常见。语言初学者会将他们最早的语言习俗同指示或其他习俗结合起来，而手语初学者则通过指示产生意象符号或习俗符号[就像完全没有接触习俗语言的儿童那样做（Goldin-Meadow, 2003）]。因为是在演化中发生的情境，因而个体可以很容易想象出通过打手势表现一些事情的情境（如吃东西），并且之后立刻联系到下一个想法：指示某些特定的食物，如在那边的水果（这个过程可类比儿童早期语言中的"连续单字发音"或洋泾浜语中"支离破碎"的表达）。然而，之后通过一种"心智结合"（mind combination）过程（Piaget, 1952），这些连续的想法或者意图被组合成单一想法或意图，进而被带有单一语调轮廓的单一表达

67

说出来。借助一些最低的归类技能，个体可以形成一种图式，如吃的象形手势，它伴随着对自己或他人可吃东西的索引性指示。这样，思维的产生性就通过这种外显(overt)的沟通图式得以支持和促进。

需要着重强调的是，如同儿童语言，无论内部复杂性如何，早期人类交流对于同一参照意图的不同表达之间的功能连续性已经存在。例如，一个人可以通过两种方式传达"洞穴里有蛇"：他可以在我们接近洞穴的时候模仿蛇的动作，也可以结合蛇的动作同时指向洞穴(如果没有接近洞穴)。这两种表达方式有着相同的交流意图或功能。最初，把符号和直证媒介物组合在一起并不会产生新的交流意图，而是将已存在的象征物切分为各个组合部分。这意味着，在组合中，一个单一的姿势一般只暗示了一个场景的一个方面。因此，在靠近洞穴做蛇的动作时，目的是传递洞穴里有蛇的信息。而结合指向洞穴的动作(或者形象地描绘洞穴)时，这种模仿蛇的动作只暗示了蛇自身，这是因为场景的其他部分是通过其他交流工具表现出来的。这种对情景功能及将其分解成具有不同次级功能的成分的关注是人类交流中层级结构出现的原因。

手势结合使我们对所有命题的主谓结构特点分析成为可能①。这其中涉及两种成分，而它们的初期形式都已在合作性活动的指示中体现出来。第一种成分是事件与参与者之间特定的认知区分。甚至学习类似人类交流形式的类人猿也能通过符号组合来区别事件和参与者

①　我们至今仅从合作交流中的事实情境角度，对"命题内容"进行了探讨。其中命题指的是一种交流行为，是习俗语言交流完整清晰的表达。

(Tomasello，2008)。第二种成分是共享信息与新异信息之间的区分，如同上面提到的，甚至在指示中，不同的共享知识已经存在内隐区别，而这通常并不是明确由指示体现出来，抑非那些由直证体现出来的新异和引人注意的情景。但这一切却是内隐的，通过手势结合，一个或多个符号经常会被用作和共同基础产生联系(通常把其当作一个视角或主题)，之后同其他符号一起指示出新的有趣信息。在许多情境中，个体可以想象他指向一个知觉性呈现的指示物(确保相关信息是共享的)，之后用符号示意该指示物的某些方面被接收者认为是新的、值得注意的。

　　因而整体来看，相比灵长类近亲，早期人类单独或组合使用它们的指示和符号手势，从而更为丰富且有力地传达了更多内容。这种新的交流形式最初发生在合作活动内部，它为参与者提供了必需的共同概念基础以及与其他同伴互换角色和观点所需的机会。因此，借助自然手势的早期人类合作交流需要联合合作活动中双水平概念成分的辅助：共享方面的联合目标和联合注意；个体方面的个人角色和个人视角。而这些都不需要语言交流者对不同的交流伙伴采用不同的方式概念化、视角化相关事物(依赖于共同基础、相关性、新奇性的判断)，之后接受者通过社会递归推理理解其意图所指视角，这一切都不是成为语言使用者的结果，而是其先决条件。

第二人思维

　　我们试图在文化和语言的背景下全面理解现代人类的这种客观-反

思-规范性思维，现已实现过半。通过这里描绘的对早期人类的重构，我们确定了这样一种生物：他们不仅如类人猿那样有策略地以更好、更快的方式获取食物和配偶，同时也在通过演化上的一些新的合作活动/沟通形式协调同他人的行为和意图状态；他们不仅通过个体意图性组织自己的行为，也通过联合意图性组织它们。而这，改变了他们想象这个世界的方式，以至于可以通过思维操纵这个世界。

69　　**视角/符号表征**

　　类人猿把在它们生活中反复出现并且非常重要的各种情境图式化为认知模型。于是，当早期人类开始从事必要的合作性觅食活动时，它们也会对包含个体角色的联合目标和个体视角的联合注意这种双层合作结构做类似的操作(图式化为认知模型)。伴随着合作沟通，早期人类个体开始外显地为其同伴指示或符号化那些可能与同伴有关(基于联合活动中的个体角色和视角)的情境。为了做到这一点，他们创造出演化上自然手势的新形式——指示和打手势，它们的使用则进一步导致包含有三个新的变革型特点的认知表征。

　　视　角　从不同角度概念化事物对人类来说如此自然，以至于我们认为，它几乎是不可避免的，仅仅是认知工作的一种方式。通常来说，认知科学中由英语单词表示的概念，如车、交通工具、周年礼物，应用于所需的，甚至适用于车道中的同一个实体。但是这种操作方式不是必然的。实际上，对于那些不能同时与另一个个体就某实体建立三角联结的生物，它是不可能的。类人猿也许有时会应用不同的图式性表征来表示某一个或同一个实体：在某种情况下一棵特定的树就是一个逃生路线；然而在另一种情况下这棵树只是个睡觉的地方。但是这些不同概念(把树当成 A 或 B——译者注)中的每一个都同个体的当前目标状态相连。她或许知道关于这棵树的很多事情，但不能同时把它们理解为可供选择的可能解释，所以它们不是我们这里所指的相互关联的视角(即便这只猿通过想象非实际的实体或情境来解决一个问题，该观点同样正确，因为即便这样它仍然只是着眼于自己当前的问题情境)。

　　与此相对照，当早期人类开始同别人合作交流时，他们经常采择他人关于自己所注意到的情境或实体的视角(他们在同他人建立三角联结)。实际上，每当他们交流时，他们必须在接收者的目标和价值观、共同基础、现有知识和期望的背景下进行，以使他们的交流行为对接收者来说是相关的、新的。这样，当他们思考自己的交流行为怎样才能与接收者的生活相匹配时，交流者不得不同时思考若干个可供选择的视角，只有这样才能从中选取一个来执行。例如，为了警示危险，在靠近一个有蛇的洞穴或蛇将要咬到腿上时，或者有一个一般性危险标识时，他们或许会向接收者打手势(在他们关于洞穴的共有知识背景下，接收者知道这意味着蛇)。

　　从认知表征的角度看，这里的关键在于交流者没有拘泥于自己的目标和视角，而是考虑了他人的可选择视角，尽管他们只能想象这个人的意动和认识(conative and epistemic)状态。就接收者来说，为了达到抓住交流者交流意图的溯因跨越(abductive leap)，她不得不基于自

己的视角模拟交流者的视角（最低要求）。这种视角转换意味着，早期
人类个体不仅能够直接自己体验这个世界（以猿的方式），至少在某些
方面还能同时从不同的社会视角体验相同的世界。这个三角化过程为
现在我们称为"主观"和"客观"的建构之间嵌入了一个微小但却有力的
楔子。

　　符　号　象形手势或打手势对人类来说似乎同样是很寻常的，他
们有能力模仿另一个体的行为，甚至能模仿或模拟常规线索背景之外
自己过去的行为。然而，当灵长类（抑或所有动物物种）呈现第一个尝
试，通过明显的行为为接收者重现一些事件或实体以方便对方想象时，
这就绝不是寻常的了。象形手势也需要接收者理解交流意图（同样适用
于我们故事里的指示），以便对方能"检疫"（quarantine）这些手势并不
是真实的工具性行为，而是交流行为。

　　发出类似意指对象（如模仿猴子爬树）的交流行为创造了一种象征
性关系。在这种关系里，行为是为了唤起想象中的意指对象（如一只猴
子或攀爬行为或猴子攀爬），而这则是希望能够让接收者推断出交流者
的交流意图（如他们现在要去猎猴）。如同指示，象形手势会把一种情
境视角化；但又不同于指示，它很清晰地通过符号媒介本身进行视角
化操作。例如，借助象形手势，个体可以对"猴子"和"食物"有不同的
71　标识，即使在不同场合下，它们也可被应用于同一个动物。然而在指
示里，这种行为（伸手指）在两个情形下都是相同的，通过合作活动（不
管是我们欣赏动物还是寻找食物）中的共同基础承载语义权重。象形手
势的另一个重要特征是它们本身大都是范畴性的，也就是说，通常概

念化或视角化相关事物、事件或情境都是"像这样"的。在选择用手势语为对方表演出什么时，交流者会通过一个特定范畴视角(相较于其他可能范畴视角)来解释相关情境。

准命题　把不同手势组合为单一交流行为，使意指情境被分解成类似"事件-参与者"这样的结构，而这也同时限制了每个手势的语义范围。这样，打手势模仿一只猴子与指着一支长矛结合起来就会清楚地表示出期望猎游，但这时模仿猴子的手势仅局限于象征猴子，而不是整个猎游。结合已经建立起来的共同基础(主题)上的背景知识和交流新信息(焦点)的倾向，交流行为中出现了一种初期的"主谓"组织——结果导致了向全命题的发展[有趣的是，人类饲养的类人猿具备类似人的交流系统，它们经常会做出"事件-参与者"区分，而非"主题-焦点"区分(这是因为它们没有任何注意或主题焦点的概念)，因此在它们的多单元交流行为中没有"主谓"组织(Tomasello，2008)]。这种增加的新型合作交流动机导致具有区分性的两个显著动机的产生(要求的及告知的)，进一步创造出交流句式和内容的第一个初期的区分。

随着早期人类协作与合作交流的出现，对经验的型-符形式(type-token format)的认知表征变得合作化(这同样发生在类人猿身上)。有联合注意和共同概念基础参与的个体互动可以同时从多个视角把相同事件、实体或情境概念化。通过范畴性象形手势和具有"主题-焦点"组织及"句式-内容"区分标识的复合手势对视角进行的符号化，使得它们至少具有初级的命题性。在个体决定用哪种符号描述从向交流对象呈现情境时，上述过程看起来似乎可以有效地对个体经验世界去背景化 72

（合作化或少些自我中心）。伴随着经验这颗"蛋"上不同角度裂缝的涌出，某种程度上我们正在"客观"思维的路上。

社会递归推理

社会递归推理对于人类来说同样显得那么自然，以至于很少被注意：我在想她觉得我在想什么。类人猿对经验进行推理——它们对物质世界和社交场合中的原因和结果进行模拟，但是它们不会推理其他个体认为自己在想什么。这类推理开始于早期人类在联合目标和联合注意参与的合作活动中与他人在行为和注意上保持协调的尝试，但却兴盛于早期人类在合作交流中与他人保持意图状态和视角协调的尝试。

在联合合作活动背景下，早期人类交流者开始思考（如模拟）如何最好地向接收者表达交流行为，以实现如实（由一般合作性关注引起）和有效交流的目标。对诚实的关注——特别是考虑到接收者现在变得"认知警觉"（Sperber et al.，2010）——使我们走上承诺交流行为真实性的道路。对交流效果的关注要求交流者与接收者都能预期对方的视角，这就需要涉及社会递归推理，即把某一个体的意图状态嵌套到另一个个体意图状态中。此外，为他人所做的明显的手势组合的产生，一旦图式化，就会给非事实的产生式推理和反事实的事件状态创造出前所未有的新的可能性，于是，早期人类的推理展现出两种新的变革性特性。

社会性递归 我们有理由问早期人类交流者，起初为什么要进行社会递归推理。简短的回答就是，他们基于共同基础一起假定交流者有合作的动机，进而朝着接收者所理解的联合目标而合作。在这种背景下，他们都试图帮助彼此——正如所有的联合协作活动一样——这同时意味着模拟他人怎样思考自己的想法。由于指示和打手势本身是很弱的交流手段，具有一定距离的推理跨越就需要我们去重建交流者的交流意图——因此至少某些帮助总是需要的。

　　因此，包含交流者意在让接收者知道某些事情（符合其利益）的交流形式就发展了出来。接收者了解这一点。例如，理解"他意在让我知道香蕉在桶里"；对于交流者而言，如果他通过提醒接收者自己有这个意图来帮助她做出这样一个推理，他就知道对方会做出相应的推理［这就是接收者注意到交流者想要自己知道一些事情的"格莱斯交流意图"（Gricean communicative intention）］。这可能不是"格莱斯分析"（Gricean analysis）里面的一个多重嵌套交流意图，但却是摩尔（Moore）（In press）认为的两个单一的嵌套意图：我意在让你注意到为你而发出的交流意图；我意在让你知道香蕉在桶里。然而，第二个意图中的单一嵌套已经超出了类人猿可以做的范围，所以它代表了一种新的递归推理形式（这种情况发生在当交流者模拟接收者的意图状态，以期传达出可以更容易被她接收的交际行为时，因为此时不是把球扔向她，而是扔给她）。

　　组合的　与别人交流时用明显的手势，尤其是能够结合手势以更复杂的方式与他人沟通，使新的富有成效的思维过程成为可能。在它们彼此的自然交流中，类人猿不会把不同手势结合起来去交流新事物，因此，它们的思维局限于通过对过去个体经验的重新配置来想象新情境。但是一旦早期人类开始为了用组合手势交流而从另一个人的角度想象情境，然后图式化这些组合，他们就有可能超越自己的经验去思考别人可能体验的东西，甚至是一些不可能的东西。比如，我可能发出一个移动的象形手势，之后指向某一个方向，而这个方向可以泛化到任意方向，之后，我可能通过这个图式想象或交流我们的孩子可以去太阳旅行——我考虑一些不可能的东西。当人们开始以用抽象扩展插槽这种方式图式化交流结构时，他们为自己创造了几乎无限的组合自由。交流行为中的图式形成及将交流意图剖析为分离的外显成分，都代表了在朝着采用习俗语言的现代人类思维"推理混杂"(inferential promiscuity)特点方向上的重要一步。

除了通过外部交流媒介创造新异，甚至产生非现实想法这种新的可能性，很多理论家也强调了这种外部交流媒介对个体反思自身思维的必要性(Bermudez, 2003)。当个体构想出一个明显的交流行为并对发出该行为进行知觉和理解时，他们实际上是在反思自己的思维(一个可能内化的过程，让我们思考自己可能会交流出来的一些事情)。因为在这一点上手势组合只有有限的语义内容[比如，没有逻辑词汇，也没有命题态度(Propositional attitude)词汇]，早期人类只能以高度局限的方式反思自己的想法。

随着早期人类合作和合作交流的出现，类人猿的因果推理，就像他们的认知表征，也变得"合作化"。这意味着交流者的推理是从接收者的视角来看情境的；接收者的推理则围绕交流者如何模拟自己对其视角的模拟。对于符号的明显组合，尤其是如果图式化，将会导致主体能够思考很多新的甚至反事实的想法，以及第一个中等程度的针对自我思考的反思。伴随着所有这些新的推理可能性，我们走上了真正的反思推论这一思维过程的道路。

"第二人"的自我监控

类人猿会对它们的目标导向行为(包括其心理基础，如记忆和决策)实行自我监控。但是类人猿中还没有规范，它们只能体验到"工具性压力"(instrumental pressure)。例如，当它们有吃食物的目标，同时知道食物可以在 X 处获取，这意味着它们必须去 X 处。但这仅是包含个体意图的控制系统作用的方式：目标和知觉到的现实不协调所激发的行为。与此相反的是，早期人类就开始从别人的角度进行自我监控，实际上，他们会在考虑他人评价的基础上对行为决策进行自我调节。现在，我们来谈论社会性调节下的一些东西，也就是社会规范——虽然只是以第二人(对应于行动者中立)的形式。其有下面两种表现形式。

合作性自我监控　因为早期人类的合作活动是相互依存的，并且是与合作伙伴共同完成的，所以每个独立的个体，即使是最具支配地位的，也不得不尊重其他人(即便是最底层的个体)的权利，不能把他们的合作机会排除在外。这样，早期人类不仅发展了评估他人合作倾向的能力，亦发展了模拟能力，以预期他人对自己的判断。孩子们试图积极管理自己留给他人的印象，所以从学龄前就开始关心别人的评价(Haun & Tomasello, 2011)，但是黑猩猩似乎并不那么关心这些(Engelmann et al., 2012)。

早期人类对合作伙伴如何看待自己的关注(他们会积极地去尝试管理这种印象)提供了一种新的行为动机,即与潜在合作伙伴的评价预期保持协调。个体因此开始把自我控制力量转交给他人的"第二人评价",因为这些评价决定他们未来的合作机会。从规范性的角度来看,这意味着进行行为决策时,人类不仅体验到个体性的工具性压力,也会体验到社交中来自伙伴的"第二人"社会压力。在我们现在的解释中,这构成了随后产生的道德社会规范的起源之一。

交流性自我监控　因为早期人类交流者为了方便接收者的理解,不得不结合接收者如何理解和阐释自己发出信息的预期,积极地对潜在交流行为进行自我监控。因此,他们从接收者的角度,特别是可理解性上,对交流过程进行自我监控。

米德(Mead,1934)在这里指出了外显性的关键角色。在与他人通过外显的行为(不论是直证性还是象征性的)进行交流时,早期的人类看到或听到自己表演这种行为,在这种情况下他们会把自己理解(视角化为另一个体)为接收者。因此,交流者可以调整他们的交流行为,以最大限度地使接收者理解,而这同时也作为他们对合作交流中的协作行为承诺的一部分。做这样的调整需要自我监控以及从特定交流伙伴的视角(结合她的个人知识、动机、与交流者的共同基础)来评估自己的交流行为被理解的程度。用现在的解释来说,这就成了之后形成的理性社会规范的起源。

因此,我们这里所描绘的早期人类已经能够从事类人猿尚不具有(因为类人猿没有从事联合合作活动和合作性交流这类引起社会性自我监控的活动)的两类自我监控：合作性自我监控和交流性自我监控。早期人类模拟他人关于自己合作倾向(道德规范的先导)及交流行为可理解性(理性规范的先导)的评价性判断。重要的是，我们这里所谈论的评价来自特定的个体，所以我们距现代人评估他人和自己时遵循的一类行动者中立(agent-neutral)、客观的规范仍有一定距离。但是我们已经开始了这种社会性的规范化个体思维过程。

视角性：彼此之见

非人灵长类和其他哺乳类认知上最明显的区别是，他们复杂的社会认知技能，这一观点现在已被广泛接受。例如，邓巴(Dunbar,1998)向我们表明了与灵长类大脑体积相关性最强的不是它们的物理生态，而是社会群体规模(作为社会复杂性的指示)。但灵长类的特殊社会认知技能(如它们的马基雅弗利智力)主要针对竞争，在竞争中，它们会记录群体中所有的各种各样的支配关系及依附关系，因为这可能影响针对食物和配偶的竞争。

这样，问题就出现了：我们这里所指出的人类的特殊认知和思维技能是否可能源于竞争？从演化功能水平上来说[终极原因(ultimate causation)]，根据定义，这几乎可以认为是真实的，因为比其他个体有更多的后代就是演化成功的定义。但从近因水平(proximate mechanism)上来说，我们认为视角性认知表征、社会递归推理和社会性自我监控可能不是直接从竞争背景中产生的。确实，在理论上，个体通过读心(mind reading)中的一种军备竞赛应对竞争情境。在竞争中，个体会意识到我和我的竞争者同时都会把注意力放在同一资源上(是联合意图吗?)，之后试图通过思考对方针对自己的思考会思考什么来胜过对方。但是我们必然不能完全从竞争中获得的是人类从事合作交流的独特形式。不像其他灵长类，人类实际上会用他们的交流行为去鼓励他人辨别自己的想法。因此，人类为了确定他人的目标和兴趣会考虑他人的视角，以便自己能告诉他们一些对其有帮助的事，那些接收者想要这些有帮助的信息，所以他们会全力帮助交流者理解他们的目标和利益，同时他们也希望交流者能理解他们的知识和期望，以便对方能够以一种可理解的方式表达行为。因此，人类，而不是其他灵长类动物，会在交流中合作，以使他人更易从自己的角度考虑，抑或在想要的时候甚至可以对其操控。

一个类似合作过程的尤具启发性的例子涉及人类独特的身体特征。在超过 200 种的灵长类物种中，只有人类的眼睛方向是高度可视的(源于高度可视的巩膜)(Kobayashi & Koshima, 2001)，也只有人类使用这个信息，因此，当在多种对比头和眼睛方向的条件中测试时，12 个月大的人类婴儿倾向于追随其他个体眼睛的方向胜于头的方向，而类人猿则只倾向于追随其他个体头的方向(Tomasello, 2007b)。如果人类要具有演化来的显而易见的注视方向线索，个体必须已经具有为他人"广播"眼睛方向的一些优势。这表明在个体依赖于他人的主要合作情境中，信息会被合作性和帮助性地使用，而非竞争性和剥削性地被使用。重点在于，人类的交流行为以同一种方式服务于广播个体的内在状态，所以这也暗示了同样类型的合作(例如，"我想要一些水果"这样的合作性请求是内部愿望状态的广播；"那里有一些水果"这样的告知性表达是帮助性信息的公开提供)。这类交流在非基础性合作的环境中从来不可能是适应性稳定的，所以联合意图这样完全的类人技能永远不能从单独的竞争环境中演化出来。

毋庸置疑，人类和其他灵长类最后的共同祖先在追求个体目标过程中从事个体性思维，主要服务于为有价值的资源与群体成员竞争。沿着这个方向，他们会注意那些同目标相关的情境。早期人类个体——作为对变化着的觅食生态的反应——开始在追求联合目标过程中同其他个体组成双人联合，并共同致力于同联合目标有关的情境。作为互动单元(interactive unit)的一部分，在合作中每个参与者都有关于情境的自己的个体角色和个体视角。这种双层结构(同时具有联合性与个体性)是我们称为**联合意图性**的定义结构(defining structure)，同时也是所有人类共享意图随后呈现内容的基础。

问题是随着行为变得更复杂，如何协调这些协作活动，包括协商联合目标及协调两种不同的角色。解决方法是合作性交流。早期人类通过指示把合作同伴的注意引向相关情境，这需要其能够站在同伴的视角考虑和模拟同伴的思维方式(例如，基于不同的交流行为她可能被期望做出溯因跨越)。为了理解，接收者需要考虑交流者如何考虑自己的视角——这形成了一种新的社会递归推理形式。早期人类对同伴理解自己的关注，通过预期评估同伴对交流行为的理解，进一步引发社会性自我监控。

在这之中，基础的认知挑战是个体自身的视角要能与同伴的视角保持协调。所以，当早期人类为了谋生从事合作性物物交换时，他们开始从同伴的视角进行沟通性的此类互动——同时在某种程度上具有自我视角的反思——而这赋予了人类认知表征和推理一种新的灵活性和力量。现在，不仅包含个体自身看待这个世界的视角，早期人类同时也可以从他人的视角看这个世界，期间亦包含他人对我的想法的视角。早期人类不仅具有类人猿的"这里"视角，亦同时具有包含"这里"和"那里"的视角。

我们无法准确地知道这些早期人类是谁，但我们推测他们是 40 万年前的*海德堡人*（Homo heidelbergensis），他们生活在会反复遇到合作同伴的松散小群体中。当然，这种早期人类并没有现代人类完整的客观-反思-规范性思维形式。虽然他们的思维不是客观的，但仍然同"我"和"你"这样的两个第二人视角相关；他们的思维只具有轻微的反思性，因为它们只能借助交流媒介外化表达很少的意图状态和认知操作(并且他们同时作为"生产者"和"理解者"仅能表现一些有限的语义内容)；他们的思维具有的社会规范性也仅仅局限于关心同伴怎样判断自己的合作行为和理解其交流行为这个层面，而不是基于群体的规范标准。因此，毫无疑问，此时的人类与现代人类具有的集体意图性以及客观-反思-规范性思维还有距离。但是，我们认为，要填补这中间的差距，早期人类联合意图和"视角-递归-社会性思维"（perspectival-recursive-socially）必须要经受"内部-之间"（in-between）这一步转换。这之所以是必需的，是因为到现代人的过渡都是关于文化习俗的创造，以及其是否朝着合作的方向——这几乎是一定的，之后当个体进行习俗化时，一些非常强的合作倾向必须已经准备在那里了。

　　早期人类的合作活动和合作交流一起代表了类人猿生活方式和思维这类第二人"合作化"（cooperativization）。但这些演化出来的新的第二人社会互动形式仅涉及特定场合与特定他人的"联合参与"（joint engagement），他们自己不能把这些特性泛化到合作活动之外。所以，尽管类人猿具有以新的联合意图方式生存、交流和思维为代表的前向跨越，下一步的跨越仍然是必要的，即通过习俗化和制度化几乎一切事物，对合作化认知和思维进行集体化（collectivize），也就是规范化和客观化（objectify）。

80 / 第四章　集体意图性 /

　　思维不能脱离正确性和相对性这两个通用标准，这就把我所想和任何人应该想联系在一起了。"我"和"任何人"之间的反差对理性思考来说是很有必要的。

　　——威尔弗里德·塞拉斯（Wilfrid Sellars），《哲学与人的科学形象》
　　　　　　（*philosophy and the scientific image of man*）

　　现代社会应该具有两方面的特征。第一是**共时性**（synchronic）社会组织：协同的社会互动是成为社会的首要条件。正如我们所看到的，早期的人类会以协同的方式进行协作觅食，而其协作的对象是一群组织松散的合作者中的特定他人。但对于现代人类来说，需要面对一个更大的社会群体，有更复杂的社会组织，或者说完整的文化组织。现代人类之所以是"文化人"，一是能够确认自己所属的特定文化群体；二是可以基于文化内的共同基础而非个人，与组内成员一起创造多种文化习俗、规范和制度。因而，他们是有群体意识（group-minded）的个体。

现代人类社会的第二个特点是**历时性**(diachronic)传递，即在代际间传递技能和知识。对于早期人类的生活来说，社会传递是十分重要的；对某些类人猿生活来说亦是如此。因为对于生存来说，那些难以发明的、需要使用工具的生存技能变得越来越复杂，同时也越来越重要。但对于现代人类，我们需要一个完整的社会传递，以支持累积性文化演化(cumulative cultural evolution)。这就需要现代人类不仅能够通过观察他人来获得工具性行为(如早期人类那样)，还需要积极遵循群体的行为准则和规范，甚至会通过教导和强调社会规范强制他人保持一致。

人类社会这两个维度诸多变化的结合，创造了一些全新的文化现 *81*
实。这种转化过程是习俗化的，既有**协调**(coordinative)的成分，也有**传递**(transmitive)的成分。协调是个体内隐性地同意(agree)以一种相同的方式做事，即只要其他每个人都如此做，个体也想这样做；传递使很多做事的方法都已有了先例，个体只需要复制他人以达到协调即可。这一转化过程的结果就是我们所说的**文化实践**(cultural practices)，即个体会以众所周知的文化习俗、规范和制度与整个社会群体协调。当然，在交流方面，这意味着发挥协调作用的是语言习俗，因为语言习俗作为一种协议(agreements)存在于群体的文化共同基础中。

在思维方面，早期人类通过视角性认知表征、社会性递归推理和社会性自我监控，来想象这个世界，以便可以操控它，这同时也使得个体可以与他人进行协调。而对于有群体意识和言语能力的现代人类来说，他们准备好与群体中任何一个个体协调。这意味着，现代人类通过"客观性"表征(objective representations)(任何人的观点)、反思性推理(reflective inferences)(注意任何人)和规范性自我管理(normative self－governance)(这可以配合群体/任何人的规范预期)来想象这个世界,以便可以操控它。而且,这种从群体角度行动和思考的方式,并不只是出现在一些特殊的合作互动时刻,而是人类思维中一个永恒的烙印,毕竟现代人类正是因此才成为文化群体中的一员。

所以,我们首先会看看人类文化组织中新的合作形式,紧接着会探讨为了协调文化生活而形成的那些新的习俗性言语交流形式,最后再来看看文化生活所要求的、中立于行动者的、规范性管理的新思维形式。

文化的出现

从鲸类到卷尾猴,很多动物物种都有一种或多种形式的社会传递,
82 这些传递需要某种形式的社会学习。而最具有文化性的非人动物当属类人猿无疑,尤其是黑猩猩和猩猩。野外的观察发现,这两个物种有相当大量的种群特定行为,这些行为并没有随着时间的推移而消失,而且这些行为都涉及社会学习(Whiten et al.,1999;van Schaik et al.,2003)。实验研究也证实了,这两个物种具有一些社会学习技能,如学习使用一种新异的工具,并且在之后的野外生活中可以代际传递下去(Whiten,2002)。

但是,类人猿的这种文化并不是人类的文化。托马塞洛(Tomasello,

2011)认为，类人猿的文化以"掠夺"(exploitive)为主要特点，即个体学习他人时，被学习者可能并没有意识到自己在被观察。而现代人类文化则相反：它是以合作为基础，成人会主动地、利他性地教导儿童，儿童则主动地遵从成人，这是一种适合文化群体合作的方式。这种文化的合作形式，可能正是由早期人类高度合作的生活方式而产生的，同时也正是因此，类人猿的社会学习才会转变成真正的文化学习。教导正是借鉴了合作交流的基本结构，即我们会告诉他人一些事情以帮助他们，而一致性则是因为希望与群体的规范期望保持一致的模仿。现代人类并不是从头做起的，而是起源于早期人类的合作。人类文化是早期人类合作的放大。

群体认同

早期人类小范围的合作觅食是一种暂时稳定的适应性策略。根据托马塞洛等人(Tomasello et al.，2012)的假设，其最终会因为两个本质上的人口因素而失去平衡。

第一个因素是与他人的竞争。这就意味着，这些组织松散的合作者必须形成一个适当的社会群体，以保护他们的生活免于侵略者的入侵。早期人类的这种松散的社会群体，在压力之下，会转化成为一个凝聚的合作群体，这个群体有共同的目标——群体的存活(群体中的每个成员都需要与其他人合作来进行觅食和战斗)，同时为了这个共同目标，群体内会进行劳动分工。就早期人类的小范围合作来说，这意味着群体成员是有动机来帮助他人的，因为他们现在始终是与他人相互依赖的："我们"必须共同与"他们"竞争，以免受"他们"之害。因而，个体开始将他们自己理解为特定社会群体的一员，有着特定的群体身份，这就是所谓的文化，这种理解是基于整个群体都具有的"我们"这一意图性。

第二个因素是增加的人口规模。随着人口数量的增长，人类倾向于分割为更小的群体，逐渐形成了所谓的部落组织；部落组织中，包含了许多不同的社会群体，其中每一个都是单一的超群或者说"文化"。这意味着，辨认其他人是否属于自己的文化群体就变得非比寻常了，当然，我们也需要确保他们能认出我们来。这种双向的识别是很重要的，因为只有我们自己文化群体中的成员，才可以与其分享技能和价值观，才能成为一个好的、值得信赖的合作伙伴。当代人类有多种标识自己群体身份的方法，但最原始的方式主要是行为上的：如果个体说话像我们，像我们一样准备食物，和我们用相同的方式捕鱼，也就是说与我们分享共同的文化实践，那么这些个体很有可能是我们文化群体中的一员。

因而，早期人类的模仿技能变成了现代人类积极地与群体内的陌生人进行更有效的协调活动，积极地显示自己的群体身份以使他人挑选自己作为一个有知识的、可信赖的合作者。教导他人做一些事情，尤其是教孩子，是一种很好的方法，可以帮助他们在群体中发挥作用，并且这一过程使这个群体更一致。教导和遵从会导致累积性文化演化，也就是所谓的棘轮效应（ratchet effect）(Tomasello et al., 1993; Tennie et al., 2009; Dean et al., 2012)：文化实践会一直保持不变直到某一个体发明了一些新的、改进的技术，进而教给别人使他人遵循，直到再有新的发明出现，从而推动其继续向前迈进。托马塞洛（Tomasello，2011）认为，类人猿的社会并不会出现这种棘轮效应或者说累积性文化演化，因为他们的社会学习是基于掠夺性的，而不是人类的这种通过教导和遵从而表现出的合作性。正是这种棘轮效应，使得个体不会倒退。

现代人类的这种群体认同不仅在空间上外延到了组内的陌生人中，还在时间上外延到了群体的祖先和后代之中：这就是"我们"通常做事情的方式，也是"我们"是谁的一部分。随着文化实践在代际间合作性地流传下来，即成人教导、年轻人信任甚至遵从，这种累积效应的结果就是，"我们"变成了我们（过去的、现在的和未来的）都认同的不朽文化（正如早期人类都致力于其不间断的、小范围的合作那样）。人类因而不再只是组织松散的合作者，他们成了自我认同的文化，拥有自己的历史。再次，我们并不关心这一切究竟是何时发生的，但是人类文化的第一个分界点就是晚期智人（homo sapiens sapiens）的出现，也就是所谓的现代人类，这一切大概开始于 20 万年前。

人类开始认为他们的群体是一个由相互依赖的个体组成的"我们"，也就是说，人类认同他们的群体，这是一个已经确定的心理事实。最基本的是，人类是有内群体/外群体这一心理的，而这很有可能是人类所独有的。很多研究表明，人类在所有方面都更喜欢内群体，而且他们更看重自己在内群体中的名声(Engelmann et al., in press①)。而且，人类不会像猿和早期人类那样，把外群体成员看作陌生人，而是把他们看作异乡人，并且常常看不起他们。或许，群体认同最显著的现象就是群体性内疚、羞愧和自豪。如果个体所在群体中的一员，做了一件值得注意的事情，而这件事情如果这个个体也会这么做的时候，该个体就会感到内疚、惭愧或者自豪(Bennett & Sani, 2008)。当代社会中，在同一种族、同一语言环境、集体责任制中，都会看到这种群体认同与群体性内疚、羞愧和自豪，甚至在某个球队的球迷之中也会看到这一现象。目前就我们所知，类人猿和早期人类都是完全没有这种群体认同感的。

因而，随着人口规模的增大以及人们与他人的竞争，人类群体中的成员开始将他们自己以及群体内的成员(无论是认识的还是不认识的，现在的还是过去的)，看作一个大型的、相互依赖的合作性活动的参与者，而这一活动的目的在于整个群体在与其他群体的竞争中得以生存和繁荣。群体成员最有可能通过特定的文化活动而被认同，因而教导和遵从群体的生活方式就成了这一过程中十分关键的一部分。这种新形式的群体意识造就了人类社会生活的集体化，在整个群体中形成了文化习俗、规范和制度，而这些再一次改变了人类的思维方式。

---

① 该文章已于 2013 年发表。Engelmann，J. M.，Over，H.，Herrmann，E.，& Tomasello，M. (2013). Young children care more about their reputation with ingroup members and potential reciprocators. *Developmental Science*，16(6)，952-958.

传统文化习俗

群体认同意味着每个群体都有自己的传统文化习俗。传统文化习俗是那些"我们"做的事情，是那些我们都知道在文化共同基础中我们所做的事情，是那些我们期待群体中其他个体在适当的环境中所做的事情。因此，在一个开放的食物贸易市场中，存在一套传统测定对等的方法。如果我用一个非常规的容器盛蜂蜜，其他人就不知道如何和我做交易，也不知道我这些蜂蜜的数量。有了传统文化习俗，这种差异性本质上并不会被惩罚，而只是简单地将你隔绝在这个群体之外。但还有一些习俗，人们是无法不遵从的：一个人可以穿这件衣服，也可以穿那件衣服，或者不穿衣服；但是无论穿什么，其遵从还是违背群体其他成员的预期都是一个文化选择。

不同于早期人类与合作活动中的另一人所创造的第二人（second-personal）共同基础那样，这种共同基础是克拉克（Clark，1996）所说的**文化共同基础**：群体中所有的成员都知道成员们都知道的事情，即使我们可能并没有共同经历过。事实上，崔（Chwe，2003）认为，文化中公共事件的主要作用就是使这类事情成为公众知识，如酋长的加冕或者其女儿的结婚典礼：这种事情是文化共同基础的一部分，每个人都可以由此预期他人都知道了，没有人可以否认知道这件事，而且这个知识可以用以检验某个个体是否是群体内成员。有趣的是，儿童在两岁的时候就已经能够与文化共同基础保持一致了。利贝尔等人（Liebal et al.，2003）发现，如果一个内群体的陌生人，在同时看圣诞老人玩偶和一个儿童自己做的玩偶时，询问儿童这是什么，2～3 岁的儿童会告诉他，这个新奇的玩偶叫什么，而不是告诉他"这是圣诞老人"；儿童之所以会这么回答，是因为即使这么小的儿童都知道，这个群体内的人，即使是一个完全陌生的人，都不需要问谁是圣诞老人（如果这个陌生人看起来是问一个他知道的玩偶名字时，儿童会告诉他是圣诞老人）。这个年龄段的儿童还知道，群体内的陌生人知道一个物体的惯用名称，而不知道关于这个物体的一个新奇的、主观任意的事实（Disendruck et al., 2010）。

86　　　一些传统文化习俗是由明确的协议而产生的。但这并不是事情的开始；关于社会习俗起源的社会契约理论假定，协议的达成需要很多其他事情，如高级沟通技巧。路易斯（Lewis, 1969）提出了另一种可能的开始路径。我们最开始要协调一个问题，如每天早晨几点钟在新营地前集合，一起去捕鱼，假定第一天的时候，我们碰巧是在正中午出发，因为刚好这个时候人够了。假定如果没有高级的沟通技巧，我们在第二天会怎么做呢？根据谢林（Schelling, 1996）、路易斯（Lewis, 1969）的假设，人们会在第二天的时候从所有可能的时间中挑选一个时间，而对于人类来说，做这件事情的自然方式是根据以往经验，即我们之前是怎么做的，所以第二天会再次在中午出现。所以我们就习惯于此了，而新人就会模仿和遵从我们。而任何不遵从的人，就会不再是一个参与者。

　　但有了交流，我们还可以教他人习俗，并鼓励他们遵从习俗，以参与到文化实践中。对理解集体意图性更为重要的是，成人教导儿童如何进行文化实践时，儿童并没有将其当成对当前事件的交流，而是将其看作关于世界的一些普遍状态，适用于诸多类似的事件(比如，捕鱼要在中午)。因而，成人告诉儿童那边水里有条鱼时，这就是一种交流，而非教导。当成人想要教儿童时，他会这么说，"这类鱼会生活在这样的地方"，而这样可以促进儿童的捕鱼能力(Csibra & Gergely，2009)。这种合作交流的教学模式隐含了这样一件事情：这种类型的客观现实是一个普遍的规律(通常是这种鱼，通常是这类地方)，而当前的场景仅仅是这类客观现实的一个例子。教导的背后是这种对待事物的这种集合的、客观的观点，而这一观点是由文化群体发展出来的。

　　现代人类儿童就这样从成人那里学到事物应该如何工作。尽管我们并不能完全理解其中的路径，但成人的这种隐含式的"应该"教学可以促进儿童客体化和具象化所学的一般事实，使之成为客观现实，即关于世界众多观点中成为最终裁定者的一般观点。这一过程对人类思维有很多影响，但其中最突出的是对错误信念的理解(类人猿很显然是不能)(Tomasello & Moll, in press①)。因此，我们之前引用了类似戴维森对于社会三角的见解，来解释早期人类是如何理解其他人的观点会与自己的观点有所不同。但要理解信念，包括错误信念，我们必须知道，关于客观现实的普遍观点是独立于任何一个特定观点的。这类

87

　　①　此文已于 2013 年发表。Tomasello, M., & Moll, H. (2013). Why don't apes understand false beliefs? In M. R. Banaji & S. A. Gelman (Eds.), *Navigating the social world：What infants, children, and other species can teach us* (pp. 81-88). Oxford：Oxford University Press.

事情不仅需要判断这些信念是否与自己的不同，还需要判断是否是错误的，因为客观现实才是最终仲裁者。很有可能，年幼的儿童一旦在婴儿晚期能够有涉及两个视角的联合注意，就开始从多个视角考虑问题(Onishi & Baillargeon, 2005；Buttelmann et al., 2009)；而且我们可以假设早期人类也是如此。但是儿童不能理解"客观现实"①，就不能完全理解信念，尤其是错误信念；早期人类大概就是如此。

社会规范和规范性自我监控

在早期人类的小范围合作互动中，个体会主动地选择一些合作伙伴，并且回避一些人，在有些情况下还会奖励和惩罚合作者。但这些都是在第二人模式(second-personal mode)下进行的，也就是说，一个个体评价另一个个体。而对于具有群体意识的现代人类来说，这种评价是约定俗成的，因此是一种中立的、超越个人的模式，也就是说，所有人采用一种中立的、超越个人的评价标准来评价所有人，甚至评价者和被评价者没有直接卷入互动中也是如此。尽管类人猿会报复那些伤害了自己的个体，但他们不会因为个体对第三方所做的事情而惩罚他们(Riedl et al., 2012)。相反，即便儿童自身没有卷入其中，3岁儿童就已经可以对他人强调社会规范，使用那些规范性言语，即一个人应该做什么或者不应该做什么(Rakoczy et al., 2008；Schmidt &

---

① 儿童有时会难以理解某些情境，在这些情境中客观现实不会受到人类不同甚至冲突的观点的影响。比如，在某情境中，某一实体可以同时是一只狗、一种动物和一只宠物，而且客观现实并不受此影响(见 Moll & Tomasello, in press)。

Tomasello，2012）。

因而，社会规范是在群体的文化共同基础内的一种相互期望，即期待人们特定的行为方式；而这种相互期望并不仅仅是统计上的，更多的是一种社会规范性的，即你会被期望做你应该做的事情。期望的力量来自这样一个事实，不遵从群体行为方式的个体通常会引发破裂，而这应该是不被允许的。事实上，如果个体的行为表现并不像是群体中的一员，或者感觉其并不愿意成为群体中的一员时，他们是不会被信任的。具有群体意识的个体会把不遵从看作对群体生活的潜在伤害。结果就是，人们会为了各种原因而遵从社会规范，如工具性原因（成功协同）、谨慎的原因（避免群体的责骂）和考虑群体的原因（为了群体的利益，毕竟不遵从可能会破坏群体的功能）。

就像一般习俗一样，社会规范的运作也不是一个第二人模式，而是一个中立于行动者并超越个体的一般模式。首先，最基本的、社会规范采用的标准是一般性的，其会依据客观标准来评价和评判个体的行为。在早期人类的社会评价中，个体只知道谁做的是无效的或是不合作的，但现在则是不基于个人的标准。这些客观标准来自对特定习俗文化活动的相互理解，即在这一活动中，每一部分是如何运作的，哪些人又从中获利了。因此，如果在具有某个文化共同基础的群体中，采集蜂蜜需要一个人必须以正确的方式用烟把蜜蜂熏出来，而如果这个人没有这样做，那整个群体就只能空手而归；此时，该个体的行为就会根据其工作表现的客观标准而被评价。

社会规范在其来源上也是具有一般性的。社会规范并不源自个体

88

自身的偏好和评价，而是整个群体对某件事情的一致性评判。因此，当个体实施社会规范时，她只是整个群体的一个使者，她知道整个群体都会支持她。具有群体意识的个体会执行社会规范，是因为他们对于社会规范的共同承诺意味着，他们不仅仅要自己遵守社会规范，也需要看到他人也如此做；这是为了我们自己和群体中其他与我们相互依赖的个体的利益（Gilbert，1983）。个体执行社会规范时，典型的做法类似于这样，"一个人不能这样做""必须这样做"，这很像是教导时所使用的一般模式（事实上，规范的实施和教导可能是同一个现象的两个版本，是个体适应群体做事情和思维的方式）。规范执行的一个前提是，这是一种群体的集体观点和评价，或者甚至可能有些事情是基于宇宙中一些神祇或外显的规范性事实，也就是说，只是在我们的世界中，这么做就是对的，那么做就是错的。

最后，社会规范的目标也是具有一般性的：群体的反对，原则上是以一种中立于人的方式，针对任何人，也就是说，任何认同我们群体生活方式的个体，都相互知道和接受其文化共同基础中的社会规范［其他群体中的个体、年幼儿童和心理不健全的个体并不受共同基础中的社会规范所约束（Schmidt et al.，2012）］。这种应用上的中立性最好的例证是，个体会把这种社会规范应用到自己身上，即表现出内疚和羞愧。因此，如果我拿了别人需要的蜂蜜，我会因为关于反对偷窃的规范而感到内疚，或许还会因为对受害者的移情而加深这种内疚。更能说明问题的是，如果我们的一些非法爱好公之于众，我会因为社会规范而感到羞愧，即使我们可能完全不觉得这是错的。因此，内疚和羞愧就特别清晰地表明，所做出的评判并不是基于我个人对事物的感受(我想要蜂蜜和那个爱好)，而是基于群体的，这在羞愧的情况下尤为明显。作为群体的使者，我是会制裁自己的。内疚和羞愧是有一些第二人基础的，我会因为我伤害了另一个个体或者没有符合某些重要他人的预期而感到难受，但是完整的内疚和羞愧还需要我知道我违背了集体规范。也就是说，这并不仅仅是受害者感到难受，或者我冒犯了其他人的权威，更为重要的是，这是包括我在内的群体所不赞成的。

因为我知道事情是以这样的方式运作的，我会通过社会规范来自我监控和调节我的行为，以使其符合群体的预期。在这种规范性自我监控中，一个人经常会尽力保护其公众名誉和其在群体中作为合作者的地位(Boehm，2012)。也就是说，由于现代人类的合作是在整个文化集体中展开的，而在群体的文化共同基础中，我在不同情境中的行为会被看作一个整体。这意味着，早期人类对自己评判的担忧，已经转化成了现代人类对自己公众名誉和社会地位的担忧。而且，名誉地位并不只是许多社会评价的总和，而是一个赛尔的地位功能(Searlian status function)(见下一部分)，我的公众身份是由集体所创造的具体化的文化产物，而集体可以在瞬间将其拿走，就像那些令人反感的现代政治家所经历的那样。

制度现实

在极限情况下，有些文化习俗活动会变成成熟的制度。很显然，这个分界线是很模糊的，但是基础的先决条件是，这种文化实践不是个人的活动，而是有些合作的感觉，其中有很清晰的、互补的角色。但是，区分文化制度最关键的特征是，必须包含某类社会规范，其不仅能调节现存的活动，还能创造新的文化实体（规范不仅是管制型的，还必须是制定型的）。例如，一个群体可以通过简单的内部讨论，来决定接下来去哪里旅游、如何筑造防御设施等诸如此类的事情。但是如果很难做决定，或者在多个联盟之中混战，那么群体就必须制度化这一过程，使之成为某类管理委员会。创立这种委员会，会使一些正常个体拥有一些超常的地位和权力。那么委员会可能会任命一个领导者，并赋予其做这类超常事情的能力，如把个体从群体中驱逐出去。这时候，委员会和领导者就是文化的产物，群体赋予其权利和义务，也可以将其夺回，使委员会和领导者回归到普通人。制度中的角色很显然是中立于个体的，因为理论上，任何一个人都可以扮演任何一种角色。

塞尔（Searle，1995）已经明确了这一过程是如何发挥作用的。首先，群体中的成员会达成某种共识，如都同意某人成为领导人。其次，必须存在某类象征性能力，以满足塞尔的著名公式——"只有在 C 情境中，X 才能被当作 Y"（只有在做群体决策时，X 才能算作领导人）。与此相关的，应该有些实物的象征来以一种公开的方式造就一个新的地位，如皇冠、权杖、总统徽章等。事实上，制度的公开性意味着，每个人都知道所有人都知道这个事实，没人能够在如此明显的象征前表示自己不知道。这也是为什么新的制度和行政官员会公开其新的权利和义务，而不是隐秘地进行。个体是不能在某个政府官员刚刚就职时，就忽略其身份地位而对其做一些不好的事情的。类似地，正式的、书面的规定和法律认为：他们的公开性意味着，没有人能够以不知情为借口而摧毁他们。

拉克兹和托马塞洛（Rakoczy & Tomasello，2007）提出了一种简单的模型来理解文化制度，就是规则游戏（rule games）。当然，个体可以在跳棋盘上以任何他喜欢的方式，来移动任何一块像马一样的木头。但是如果一个人想玩国际象棋，那么他就必须知道这个像马一样的棋子被称为骑士，而且只能以特定的方式移动，其他棋子也必须以特定的方式移动；而如果要赢得比赛，必须使棋子摆成某种样子。这些棋子被规范或规则赋予了其自己的地位，而这些之所以会存在，是因为玩它的人遵守这样的规则。因而，我们可以认为这种文化地位功能之所以会出现，是年幼的儿童一起假装了什么，如假装一个棍子是蛇。这样做就为创造新的地位提供了实际的基础，因为这种制定是社会性的，是与其游戏玩伴公开达成一致的（Wyman et al.，2009）。重要的是，尽管这种假装的能力是演化而来，但早期人类创造这种假装现实的方法，是通过模仿他人而来，而不是具有群体意识和集体性的现代人类文化所创造的这种规范性。

当前最重要的一点是，现代人类世界中存在社会或制度性事实。这些是关于世界客观存在的事实：贝拉克·奥巴马（Barack Obama）是美国的总统，我口袋里的钱是20欧元，一个人把对方将死了就可以赢得棋局的胜利。与此同时，这些事实是与观察者相对应的，也就是说，它们是由社会群体中的个体所创造的，因而也很容易被消除或终止（Searle，2005）。只有我们同意，奥巴马才会是总统；只有我们如此做，欧元才是法定货币；国际象棋的规则理论上是可以随时改变的。

92 而社会事实最特别的是，它们既是客观上真实的，又是社会所创造的，也就是说，它们既是客观化的，又是物象化的。事实上，如果个体给 5 岁儿童一个客体，什么也不说，那么儿童很快会以自己的方式来玩这个东西，而且会和新的玩伴一起用这种方式来玩它，就像它本该如此一样，也正是所说的"一个人必须先做""那么它就是这样了"（Goeck-eritz et al. 未出版手稿）。有了成人的教导和规范的强化，这里的"必须"就意味着这是客观现实了，而且独立于任何人的观点或者愿望。

总结：群体意识和客观性

早期人类的社会活动都是第二人的。现代人类的互动是以群体为单位的，最开始主要是对自己群体的认同。特定文化群体中的个体知道，其群体的文化共同基础中的所有人都知道一些特定的事情，都知道所有人都认识他们等。对于事物的观点是集体性的（如森林中的动物如何分类，如何组成管理委员会），而且群体中的成员都知道，特定文化实践活动中应该或者说必须扮演何种角色，其中的标准又是什么。群体有其自身的观点和评价，而且我接受了这些。事实上，我自己也有助于这种观点和评价的产生，即便其目标是针对我的。

重要的是，在这种新型的群体思维中，普遍性并不仅仅是抽象性。这里，我们要探讨的并不是一个个体的观点是如何成为一般性的，也不是如何将很多观点进行简单的加总。我们要探讨的是如何将很多现存的观点进行概括，使之类似于"任何可能观点"，即使之具有客观性。

这种所谓的"任何可能性"或者说"客观性"与规范性相结合，就促进了这类社会规范和制度成了外部现实的客观部分。在规范执行和教育中的交流意图，其本质上都来自内在的群体性思维和社会规范所管理的"我们"希望我"我们"做事情的方式，而这就使一切客观化了，也就是事情就是或就应该是这个样子的。

早期人类的这种关于联合性和个体性的双水平认知模型，就被放大成了现代人类的这种客观性和个体性的群体思维认知模型。人类的这种群体意识，反映了认知和行为方式的巨大转变。任何事情都被通用化了，以一种中立于个体的方式适用于群体中的每个人，而这引起了对事物的集体性观点，即一种对事物的客观性体验，即便这种客观性是由我们所创造的。这就是人类联合性意图的"集体化"。

习俗化交流的出现

除了社会生活会经过习俗化成为集体文化实践、规范和制度，现代人类也会约定俗成一些自然手势，使之成为集体性语言习俗。早期人类自发性的自然手势，对于他们协调众多合作活动是很重要的，但是约定俗成的手势和发音，也就是那些只有成长在我们文化群体中的个体才熟知的手势和发音，使得与群体中的成员交流和社会协作更能脱离情境，形式也更灵活，即使是与那些我们从未互动过的人交流协作也是如此。

朴素地看言语交流的本质，个体会假定使用语言时不需要考虑交流协作的意图，也就是说，我用语言表达了我的意图，而你需要解码这一意图，就像是电报使用莫尔斯密码运作一样。但事实上，这并不是言语交流发挥作用的方法(Sperber & Wilson, 1996)。例如，平常说话用的大部分词都是代词(他、她、它)，指示词(这里、现在)或者专有名词(John、Mary)，这些词的参照对象并不是什么密码书，而是很多非言语的共同概念基础。而且，我们日常的谈话中有很多看似不连贯的对话。比如，我说，"今晚想去看电影吗?"你说，"我明早有个测验"。如果我要理解这个回答代表着"不去"，那么我必须有这样一个背景知识：测验是需要事先准备复习的，一个人是不能同时学习和看电影的。这个背景知识使得我意识到，你今晚是不会和我去看电影的。

94 　　所以，言语交流中最基础的思考过程，同第三章所探讨的指示和手势语是一样的。在信息性的言语交流中，我想要告诉你一些事情，所以我会把你的注意或者想象力引导到某一情境中(我的引导行为)，希望你可以明白我想要你知道的事情(我的交流意图)。然后，基于我们两个的共同知识基础(既可以是个人，也可以是文化的)，你会考虑到我想要你注意到的情境，来假定我的交流意图可能是什么。因而，我可能会走进你的办公室，说："今年夏天，莱比锡市会有一个为期两个月的网球夏令营。"你可以很好地理解我的这一指示性行为，但是你并不知道我为什么要告诉你这件事情。但是如果你突然想起来，我们上个星期一起探讨过你的孩子假期可以做什么，你就会理解我为什么告诉你这件事情了。如果我能预计到这一过程，那么为了成为一个有效的交流者，我需要提前模拟你可能的推理，并根据我的交流目的来制定自己的指示性交流，就像是指示和手势语那样。例如，我预计到如果我只说"网球夏令营"，而不提"今年夏天"，她可能会认为我是为了她而不是她的孩子而告诉她网球夏令营的事情，也就是说，我会考虑到她会如何考虑我的交流行为。

毋庸置疑，交流习俗相比于指示和手势语，虽然多了很多清晰的语义内容，看起来会让交流行为变得更简单。但实际上，两人如果要成功地对复杂情境进行交流，仍需要进行一定的模拟、推理和思考。另外，言语交流不仅与自发的手势交流有一些最基础的共同过程，还能为人类的思考提供更强有力的新资源。我们接下来会从四个部分对此进行探讨：

(1)继承来的交流习俗(communicative conventions as inherited conceptualization)；

(2)具有复杂表征形式的言语结构(linguistic constructions as complex representational formats)；

(3)谈话和反思性思维(discourse and reflective thinking)；

(4)共同决策并给予原因(shared decision making and the giving of reasons)。

继承来的交流习俗

早期人类会使用自发的象形手势作为符号，来引导另一人注意和想象某一相关的情境；而对于现代人类来说，这已经在群体中习俗化了。这意味着解释手势不仅需要像以前那样，需要基于两个交流者之

间一些个人的共同基础，还需要基于一些文化共同基础，也就是我们
群体中的个体，是如何预期这个群体中的其他人会怎样使用和解释这
些手势的（或者认为他人是如何期待我们的预期等）。例如，在文化共
同基础中，我们都知道如果一个人想要让其同伴注意到有蛇的危险情
境时，通常会做一个波浪式手势来提醒这一潜在的危险。事实上，只有
当个体知道其他所有人都会这样使用时，才会使用这样的手势（Lewis,
1969; Clark, 1996）。交流习俗通常是由构成性规范所支配的，也就是
说，如果我没有以约定俗成的方式使用它们，那么我就不属于这个群
体。维特根斯坦（Wittgenstein, 1995）曾尖锐地指出，习俗使用的标准
并不是由个体决定的，而是由用户群体决定的。我可以不如此，但后
果是什么呢？

　　交流习俗是文化共同基础中的每个人都应该知道并且遵守的，其
文化维度意味着我们现在可以认为，人类交流行为是完全**明确的**
（explicit）。早期人类以一种外显的方式告诉他人自己所指示的，如使
用指示手势来引导他人注意某个情境。但是接收者有可能误解了或者
假装误解了其手势，那么交流结束了。但是，如果现代人类使用了交
流习俗，如预示着"有蛇—危险"这一手势，那么他的同伴就不能说他
不明白，或者说正常情况下是不会不理解的。因为在文化共同基础中，
我们都知道这一习俗，所以个体就必须有所回应。因而，现代人类理
解交流不仅迫于其从交流同伴那里感受到的压力，还有来自整个团体
的规范压力：如果你是我们中的一员，那就知道如何应对这一习俗。
任何不能理解交流习俗的个体，都不是我们中的一员，这就使其具有

了文化规范性。

象形的交流习俗很快就会变成非象形的。这主要是基于手语的出现，听觉有障碍的人会使用自发性的象形手势与其父母交流，慢慢地就发展了出一些哑语（home signs）。这通常是一些格式化的、短小的手势（Senghas et al., 2004）。因此，代表"有蛇-危险"的波浪手势会缩略成一个几乎没有波动的手势。这通常是因为接收者可以预期在交流情境中会发生什么。比如说，如果她正要翻起一块石头的时候，某人伸出了他的手，那么她可以将其解读为"有蛇-危险"。儿童和新来的人就会模仿这个简短的伸手动作，来使他人意识到有蛇①。强大的模仿能力和遵从就这样渐渐破坏了交流的象似性，因为在有文化共同基础的群体中，象似性是不必要的，群体中的个体知道交谈某个特定情境时应该使用何种约定俗成的手势。交流习俗就这样具有了任意性。

对于个体和其思考过程来说，这种习俗的、任意的做事方式暗含了重大的意义。一方面，儿童出生在一个使用一套交流习俗的群体中，这套交流习俗是群体的祖先发现在协作时十分有用的指示动作，而且群体中的每个人都应该学会并使用这些交流习俗。因而，个体并不需要自己去发明概念化事物的方式，他们只需要去学习在历史长河中积累出的智慧结晶。个体就这样"继承了"大量的概念化和观点化世界的方法，这就使得我们可以对同一个实体或情境同时产生多个构念，如浆果、水果、食物或者交易资源。构念的模型并非基于现实或是交流

---

① 这种方式类似于一些有目的性的言语形式（如隐喻）在历史上变得模糊（"死亡"），因为新的学习者会忽略这些最初的目的。

者的目标，而是根据交流者的思考，即他认为如何表达一个情境或者实体，接收者会最有效地领悟他的交流意图。

除了这种基础且习俗/规范和观点性的新认知表征形式以外，任意的习俗交流还会创造，至少是促进认知表征的另外两个新过程。其一，这种任意性会导致更高水平的抽象性。当手势是很单纯的象形时，其抽象性水平通常比较低且很局部。例如，在这种自发性的象形手势中，开门和开罐头是用不同的方式表达的。这种模式对于聋童个体自己所创建的手语来说，是很典型的，因为没有其他使用者团体与聋童一起习俗化这些手势，于是它们就只能保持其象似性。但是，在一个团体中，对新学习者来说，象似性习俗越来越少而任意性习俗越来越多，就出现了对"打开"这一动作更程式化的描述，这些描述的抽象性很高，可以代表所有方式的"打开"。在习俗化的符号语言中，很多符号都以抽象性为特征，有声语言也是这样。在转向任意性后，习俗化滋生了抽象性。可以想象，习得了大量的任意性交流习俗，会引发这样一种顿悟：既然我们所使用的交流符号与其目标指向物之间的连接是很任意的，那么只要我们需要，我们就可以创造新的。

其二，由任意性交流习俗所创造的，或者至少是促进的认知表征新过程，同样涉及抽象性，但类型不同。当代语言中有很多最抽象的概念，都是用一个词来代表十分复杂的情境，其中涉及了很多个体在一段时间内所做的事情。例如，定义"正义"这一术语时，个体最可能做这样一种描述：正义是当某个人……之后某个人……很难想象如何用手势语来向他人描述像"正义"这样复杂的情境和事件，除非是将其完整的描述表演出来。事实上，对于很多具体的叙述性事件，如庆典或者葬礼，你也不得不将其按照完整的顺序表演出来。但是有了这种任意符号，个体就可以很简单地用一个符号来代表这些复杂的情境。这就意味着，本质上，任意符号使得符号化人类认知的关系性、主题性和叙述组织成为可能，而不再是符号化那些简单的分类或图式，如树或者吃，这就拓宽了人类思维的宽度和复杂性。如第三章中专栏 1 所探讨的，人类对于关系-主题-叙述性组织(relational-thematic-narrative organization)会形成概念，是因为他们有复杂的合作活动，需要共同目标和不同的角色分工，而这些组织是无法用简单的符号标识的。马克尔曼和史迪威(Markman & Stillwell, 2001)以基于角色的概念来指代某一角色(如打猎中的追踪者)，以基于图式的概念来指示整个活动(如打猎活动)，而其他生物体是不可能概念化体验这种主题维度的。

任意性交流习俗还会创造推理的两个新过程。其一，因为人们会在不同时机，以不同水平的抽象性，针对不同目的进行交流，故而来自有传统交流社区的个体，会继承众多有复杂关联的交流习俗。例如，可以想象，在某些语境中，个体会习俗化一个手势或发音使之可以用来描述瞪羚，而在其他场合会习俗化一个手势或发音来描述一般性的动物(或者是一个潜在的动物捕食者，无论其是什么物种)。这种文化下的儿童就可以在不同语境中学习到两类表述。这就使得因果推理和形式推理成为可能。如果我告诉你，山坡上有一只瞪羚，你可能会根据你的知识猜测山坡上可能有一只潜在的动物捕食者，但是如果将捕食者和瞪羚调换位置，你可能就不能做类似的推理了。尽管理论上，个体可以自发地表演出不同水平的普遍性，但是只有具有集体都知道的习俗化符号时，交流者才能确定接收者知道其传统含义，才能在他们的谈话中进行这些推理，才能根据这些推理来形成其交流动作。

其二，任意性交流习俗还会形成一类"系统"，即因为其任意性，习俗的参考范围受到了同一"语义场"中其他习俗参考范围的限制(Saussure, 1916)。因此，在我们文化共同基础中，个体会在众所周知的特定习俗表达和只限于我知道的表达之中做出选择。例如，如果我告诉我的朋友，我看到他哥哥和一个女人一起去吃饭，就可以推理出那不是他的妻子，虽然他妻子也是一个女人；因为如果是他的妻子，我会直接说他妻子而不是一个女人。或者，如果我说，我们的孩子吃了一些肉，就可以推理出，他没有吃掉所有的，因为至少在我们都很饿的情境中，如果他吃掉了所有的，我会直接说没有肉了。这类语用含义渗透在当代语言使用者的对话中，我们会为了交流目的而选择相对应的习俗语言表达[其中一些推理是循环性的，并成为我们所说的常规含义(Grice, 1975；Levinson, 2000)]。这类推理与那些自发性的手势语或者其他类型的非习俗化的符号形成的方式并不相同，因为在这些情况下，它并不是在群体的文化背景知识中，并不是每个人都知道所有的选择，并从其中挑选合适的进行推理。

因而，随着交流习俗的出现，我们现在有很多新的概念化形式。现代人类从他们群体的其他人那里"继承"了一套他们文化共同基础中的交流习俗，并规范性地使用这些习俗。交流习俗的任意性意味着他们可以用来概念化情境和实体，无论这些有多抽象，包括关系性的、主题性的和叙述性的图式。有了这些交流习俗，我们就可以在这些概念之间进行形式推理和语用推理，而这与自然手势绝不是同一种方式。

具有复杂表征形式的言语结构

如果我们设想早期的现代人类有一些单字句（holophrastic）的交流习俗，同时具有创造新异心理组合的认知能力（所有猿类都拥有的），那么我们很容易猜想他们能够创造复合的语言组合。例如，当请求吃的时，他们会把手移向张开的嘴；与此同时，请求去寻找浆果也有一个特定的手势，即模仿一个采摘的动作。这两个手势之间本是不相关的，但当有人提供了一些难吃的食物时，很有可能会出现这样的情况，即先做吃的手势，紧跟着做一个找浆果的手势。那么，考虑到早期现代人类拥有的图式化这一能力，个体很容易猜出这个人将传统的"吃东西"的手势，应用到了某一食物的手势之中，这就类似于人类婴儿一开始的时候会说"还要果汁"，慢慢地开始说"还要牛奶""还要浆果"等一系列"还要……"的句式（这就是所谓的基于项目的图式，Tomasello，2003a）。

语言结构开始于这类简单的基于项目的图式，并在言语交流互动中逐渐变得精细，也越来越抽象。这一过程的关键点是来自接收者的交流压力，即对有效信息的需求。这就要求交流者尽可能地表达明确。交流者如果结结巴巴地用了一系列不同的表达风格、语言风格，接收者就必须根据推理补足其中的空缺。但这就出现了交流障碍，接收者需要更多的信息才能将这些信息联系起来，故而交流者需要更明显地表达出他们的交流意图。结合整合和自动化序列的能力，这一过程可以使"我用矛刺羚羊……它死了"这句话转变成"我用矛刺死了羚羊"。当有其他类似的图式出现时，如"我把葫芦喝空了"，就会形成习俗化的语言结构，在这里即动补结构（Langacker，2000；Tomasello，1998，2003b，2008）。用吉冯（Givón，1995）的话来说，今天的语法就是昨天的对话①。

完全抽象的语言结构也是如此出现的，这些语言结构成了类似于格式塔一样的符号习俗，有自己不同的交流含义，代表着不同类型的情境。例如，说英语的年幼儿童会学习到早期的抽象结构：

（1）直接因果关系，如及物结构：X VERBed Y；

（2）从作用对象的角度来看的因果关系，如被动结构：Y got VER-Bed by X；

（3）客体运动的情境，如不及物方位结构，X VERBed to/into/onto Y；

---

① 在当代世界中，很多非同寻常的情境都至少从大致轮廓上勾勒了这个过程。最惊人的是尼加拉瓜手语（Nicaraguan Sign Language）。很多年幼的耳聋个体都有自己独特的混合手语或哑语与其他家庭成员进行沟通，其中只有很少的语法结构。但是当他们进入社区（三代内），他们各异的特殊手势语就会变成同一种系统性的通用手语，并具备一定的语法结构（Senghas et al.，2004）。Al-Sayyid Bedouin 手语的诞生经历了很类似的过程（Sendler et al.，2005），而且事实上类似的过程在很多个案中均有发现，其中洋泾浜口语（spoken pidgin language）转变成为克里奥耳语（creoles）和更完整的语言系统（Lefebvre，2006）。洋泾浜交流（或手势语）在家庭成员、同事和具有很强的共同基础的其他人中可以很好地发挥作用，尤其是在高度受限和重复的情境中，如吃饭或工作中。但是考虑到需要适应较广阔的交流社区（community of communication）和交流情境，需要分解这个过程，以建立新的语法系统，来帮助接收者在目标指向情境中理解事件和个体（以及它们的角色）。交流者和接收者再继续共同努力，直至能够彼此理解，而这种成功的语法结构将在社区中被重复、模仿，并逐渐习俗化。

(4)所有权转移的情境，如双及物结构，X VERBed Y a Z；

(5)动作发出者的行为没有影响对象的情境，如非作格不及物结构，X smiled/cried/swam；

(6)没有特定动者或因果关系而出现物体状态改变的情境，如非宾格不及物结构，X broke/died⋯（Goldberg，1995）。

更重要的是，这些抽象模式的交流功能是独立于其所用单词的，正如这些概要描述所举例的那样。

交流者采用某一结构，以引导其接收者从某一特定的视角来看待情境。因此，在习俗化的语言中，根据话题角度的不同，可以有很多种方式来指示主题，无论动作的发出者和接收者是谁。比如，同一个人、同一个动作你可以说"约翰打破了窗户""窗户被约翰打破了""约翰扔的石头打破了窗户""石头打破了窗户""窗户被石头打破了"等，而这取决于说话者希望听众如何看待这一情境。还有一些结构，是交流者基于对接收者知识状态和期望的判断而采用的。比如，英语分裂结构 "It was John who broke the window."（是约翰打破了窗户。）是用于说明是约翰做的打破窗户这件事情，而不是接收者所认为的其他人做的；用这个结构是为了纠正一个错误的信念（比如，你说，"比尔打破了窗户"，我说，"不，是约翰打破了窗户"）。麦克威尔（MacWhinney，1977）认为，这些不同的用法源自交流者所挑选的出发点或者说是认知上看待这件事情的视角，这已经成了约定俗成的语法问题。

从认知的角度来看，抽象结构给了人类一种全新的认知表征类型，即以抽象、组合的方式而组织的习俗格式。这些抽象结构使得语言项目可以在多种不同结构中被使用，在不同条件下扮演不同的角色。更重要的是，使用这种项目的灵活性就需要明确不同项目所扮演的角色。如果我用手势或声音示意"人、老虎、吃"，那么就需要知道谁是动作的发出者，谁又是"吃"这个动作的受害者。当代语言由很多种方式可以达到这一目的，如格位标志和利用词序。指明参与者所扮演角色的标记，可以被看作一种二阶符号，因为他们是关于参与者在更大的结构中所扮演的角色(Tomasello，1992)①。克罗夫特(Croft，2000)认为，在一个话语中的语言项目，并不是通过其与其他项目之间的句法关系而获得自身的交流功能的，而是通过他们在话语整体中所扮演的句法角色。因而，语言结构可以看作一种符号性合作。

因而，抽象结构是习俗化语言和思维中概念的主要来源。个体根据图式和类比以创造抽象结构，并且可以把新的项目根据其交流角色，放入此结构中合适的位置。事实上，当你在某个结构中使用一个项目时，很可能使用的是这个项目的非常规用法。比如，我们经常会说类似于这样的说法"He treed the cat."(他驱赶一只猫上树。)"He ate his

---

① 对情境中的个体和事件的描述可以具有不同的特异性程度，这取决于交流者和接收者之间的共同基础(Gundel et al.，1993)。代词描述的是在共同基础中已经完整建立起来的实体，而带从句的名词则用来形容新的实体，接收者可以使用我们的共同基础来定义这些实体(例如，我们昨天见过的人)。此外，很多语言都具有"the""a"这样的定语，用以明确地描述某一客体是否存在于我们当前交流互动的共同基础中。通过确定事件出现或即将出现的时间点(如通过时态)，来明确特定事件在当前交流互动中的基础。这种明确所指对象的方法引发了传统语言分析中类似树的分层结构，即名词短语或动词复合体等不同的语言项目，都具有自己独特的功能，把它们放在一起使用，共同完成整体目标，从而在指示情境中指出一个特定的客体或事件。

pride."（他吃掉了自己的骄傲），"He coughed his age."（他的咳嗽出卖了他的年龄）。这类隐喻式或类比式的思维说明，结构本身就具有一定的交流功能（Goldberg，2006）。总之，这种习俗化的抽象结构系统以及单词，可以被用于多种结构中，创造出了多种概念组合，从"flying toasters"（飞行面包机）到"colorless green ideas sleeping furiously"（无色的绿色念头狂怒地睡觉）①。

102

所有的这些，都是关于交流者在与接收者进行第二人的交流互动中，是如何指明其要指示的情境的。另外，现代人类交流者经常会使用语言来指明其交流内容和他们与第二人的交流互动的参考资料的认知关系。这在交流过程中基本上是全新的。早期人类可以用多种方式来指示事物，但是他们自己与事物之间的关系却是隐含的，这种关系或许会无意间通过面部表情或声音表达出来，但绝对不是交流行为中有意图的 ·部分。

但是现在，现代人类在交流中会明确他们的交流动机。因此，很多语言都有不同结构的言语行为，如请求类和信息类（断言类）。思维和语言的哲学家认为，同一事实内容可以用不同的结构表达出来，以表示不同的交流目的，这很重要。比如，"She is going to the lake."（她要去湖边。）、"Is she going to the lake?"（她是要去湖边吗?）、"Go to the lake!"（去湖边吧!）、"Oh, that she could go to the lake."（哦，她可能去湖边了。）等。这些独立于命题内容的言外之意，使得命题内容成

① 这一句子是乔姆斯基的名句，用以说明其关于句法的理论，即不是所有看上去合乎语法的句子，都是有意义的。——译者注

了一种准独立的、类事实的实体，并在特定表达方式中没有特定实例
（e. g. , Searle, 2001）。因为言语行为的功能以一种习俗化的方式被表
达出来，故而不论是在单个的语言项目还是作为整体的结构中，交流
动机和命题内容都被习俗化为相同的单词和结构的表征形式。在这个
全新的交流中，交流者的动机自身就被涉及其中且被习俗化了。理解
语言是如何发挥作用时，根据维特根斯坦（Wittgenstein, 1955）的观
察，最难的就是理解以单词和结构中相同的基本方式表达了不同的内
103 容："当然，使我们感到困惑的是，我们可以听到每个单词，却不理解
其内涵。"

除此之外，交流者还会采用不同的语言手段以表明其对话语中一
些命题内容的情态或认识态度。因此，交流者可能会情态上认为"She
must go to the lake. "（她必须去湖边。），或者"She can go to the lake. "
（她可以去湖边。），或者认识上认为"I believe she is going to the lake. "
（我认为她将要去湖边。），或"I doubt she is going to the lake. "（我怀疑
她将要去湖边。）另外，这种情态和认识态度的习俗化是经由说话时伴
随的面部表情和韵律而演化来的。例如，不确定性、吃惊或愤慨。但
之后这些变得习俗化了①。因而，现在交流者在表达某一命题内容时，

---

① 桑德勒（Sandler）等人（2005）提出了一种有趣的观点，描述新出现的 Al-Sayyid
Bedouin 手语连续的代际传递，如何使说话者的动机和态度符合习俗，这通常由规范化
轻微夸张的面部表情实现。因此，在很多成熟的手语体系中，跨代际的手语者会使用规
范化的面部表情，来表达"话语的言外之意，如断言与疑问（p. 31）"等。此外，与较早的
一代人相比，较晚的交流者习俗地符号化自己多样的情绪和认知态度，如必要性、可能
性、不确定性或惊讶等。

会嵌入一些情态-认识态度(Givón, 1995)，这就使得这些表述成了一种半独立的心理实体。在这种情况下，其不仅独立于说话者的动机，也独立于说话者的感受或想法。这些内容和态度上的区别，也是一些永恒的、客观的、命题结构事实的基础，这类事实独立于任何人对其的感受或想法。

　　如果我们将所有这些区别结合起来，也就是那些交流者所主动控制的，我们就有了习俗语言表达的基本结构：句式与内容的区别(force-content distinction)，包括态度与内容的区别(attitude-content distinction)、主题与焦点(topic-focus)[主语-谓语(subject-predicate)]的区别，如图 4-1 所示。

图 4-1　习俗语言表达的基本结构

　　总之，我们可以说语言结构习俗化和自动化的话语片段，将人类的经验组织成了各种各样的抽象模式，就像个体在交流中为他人概念化事物那样。语法结构包括抽象角色，如行动者、接收者、地点，也包括将这些角色标注的二阶符号，如格标记、同位语或对比语序。将无限的语言项目放到这些角色中的可能性，就是创造性的概念组合的主要来源(Clark, 1996)。特定结构中的主题-焦点(主语-谓语)组合有助于从某一角色或其他角色的视角来概念化某一场景。而对于讲话者的动机，连同其中的情态或认识态度有助于区分类事实的命题内容对客体世界中那类永恒的、客观的事实，而这是独立于任何人的感受或想法的。这是相比于其他物种，人类语言交流所有独特的方面(见专栏3)。

专栏3　类人猿的"语言"

在过去的几十年中，有很多类人猿由人类抚养，并被教导了一些类似于人类的交流形式。结果，它们可以做些很有意思的事情，但哪些方面像人一样，哪些没有，尚不明确。就语言结构来说，类人猿无疑可以组合它们的手势，有时甚至是很有创造性的，但似乎它们并没有什么像人类语言那样的结构，即使它们已经很好地掌握了图式化的知觉内容。为什么是这样呢？为了回答这一问题，这里有一些他们产生的表述类型，既包含一些手势，也包含一些人类所提供的视觉符号：

Bite ball—wanting to do this(咬球：表示想要这个)

Gum hurry—wanting to have some(快速咀嚼：表示还要)

Cheese eat—wanting to(停止吃：表示要)

You (point) chase me (point)—requesting if from other((指)你追赶(指)我：表示请求)

首先需要注意的是，这些都是请求。事实上，系统研究发现，在这些个体所产生的交流动作中，超过95％的都是一些命令式的，其余5％是疑问式的(Greenfield and Savage-Rumbaugh, 1990, 1991; Rivas, 2005)。这是因为无论人们如何训练类人猿，它们都不会获得简单告知他人或者与他人分享这一动机(Tomasello, 2008)。在严格的命令式交流中，完全不需要人类语言交流的复杂性发挥什么功能(典型来说，没有主语，没有时态等)。

而且，这些个体产生的许多交流动作是十分复杂的，是有一种事件——参与结构的，反映了个体参与某一情境，并涉及其中的关系或动作。但除了这种复杂性之外，却没有人类语言交流中的关键成分。基本上，就是不具有人类语法中那些表述知识、期望和观点的结构。除了时间、参与者和地点外，会说话的类人猿已经学会了使用反映自己意愿的词（比如，他们会使用"hurry"这一词来表示他们想立刻就要）。但是他们不具有那些能够使接收者理解的句法，即合作动机中的关键部分。例如：

- 它们不会为听众做指示动作，以帮助其找到指示物，也就是说，它们不会用带冠词、形容词的名词短语，来说明哪个球或者芝士是它们想要的。它们也不会使用任何时态来说明它们试图指代的事件是何时发生的。

- 它们不会使用二级符号，如格标记或词序来标示语义角色，并且在语境中说明谁对谁做了什么。交流者并不需要这样的信息，这类信息是为听众所提供的，以确保它们可以明白在一个较大的情境中，每个参与者所扮演的角色。

- 它们并没有任何结构来为听众说明新—旧这类对比信息。比如，如果你坚定地说比尔打碎了窗户，我可能会用一个分裂的结构来纠正你，说"不，是弗雷德（Fred）打破了窗户。"类人猿是没有这类语法结构的。

- 它们并不会根据视角来选择相应的语法结构。例如，我可能会用两种表述来形容同一事件——"我打碎了花瓶"或者"花瓶

106

碎了"，那么我会根据听众的知识、期望和我的交流意图来选择相应的表述。而类人猿并没有学会这种有选择的表述。

- 它们不会在说话中指明其交流动机或者其认识态度、情态等。因为它们通常使用祈使句，为什么要指明交流动机呢？

关键的理论点在于，人类的语言结构不仅有语序的问题，还能根据接收者的知识、期望、观点等调整其语法结构。即使是很简单的语法结构，如动词短语，也会根据接收者的知识、期望和观点等进行相应的调整。人类还会在表述中，习俗化地使用一些表述来表明其动机、认识态度和情态。这些都是语法的语用层面，也正是人类的独特所在。

谈话和反思性思维

一旦我们有言语交流，我们就有了谈话。谈话中经常发生的是，接收者不理解对话，请求说得更清楚之类的。沟通者在接下来的对话中会尽可能明显地提供所需的信息。人类思维的关键点是，以传统语言格式阐释知觉内容并使得这一内容很容易自我反省。也就是说，再次调用米德(Mead，1934；Karmiloff-Smith，1992)的分析，人类交流的合作本质意味着，交流者如果作为接收者，可以感知和理解其自身的交流动作，这就使得他可以从外部视角思考自己的思维(Bermudez，2003)。尽管早期人类的指示和打手势使得他们可以在一定程度上反思其思维，但对于用习俗言语交流的现代人类来说，其思维有很多新的表达形式。而且，自我监控过程不仅可以从接收者的视角，还可以从所有使用者的规范视角来进行。以下是三个特别重要的例子。

　　首先，在信息交流中，需要理解的一个重要成分是交流者的意图
状态。例如，假设我们正在打猎回去的路上，我看见了羚羊在第二个 *107*
水坑(watering hole)里喝水，据此推测第一个水坑现在是干的(因为最
近天气干燥)。此时你告诉我你向着第一个水坑走过去，但由于我也不
能肯定所以不想直接告诉你"那里并没有水"。在这样的情境中，第一
个不确定性的标记是一些无意识的面部表情(见上文)。但人类约定俗
成的表达疑惑的方式，是说"那里可能没有水"或"我觉得那里没有水"
之类的话。有趣的是，说英语和德语的儿童首先使用的关于想法的词
汇，并不是用于表明一种特定的心理过程，而是使用"可能"(maybe)
之类的词汇表达自己的**不确定性**(因此，"我觉得那里没有水"的意思是
那里可能没有水)(Diessel & Tomasello, 2001)。在这之后，他们才会
外显地推理第三人的心理状态。因此，有假设认为，是谈话的需求使得
人们开始外显地探讨心理状态，这种探讨最初并不全面，只针对他们自
己对命题内容的认知态度。随后，他们才能够推理每个人的心理状态，
包括他人的和自己的，并以同样的方式与他人交流这些心理状态。一
旦人类能够外显地推理意图状态，他们就能够以全新的方式思考。

　　其次，被提及的认知过程是交流者的逻辑推理过程。其中包括使
用"和""或"、各种否定词(如"不")以及暗示(如果……那么……)进行
表达。例如，在与他人的争论中，为了应对来自接收者的压力，说话
者需要使用以上这些表达方式，让自己的推理过程更为明晰。因此，
与一般讨论中的交流压力类似，争论中的"逻辑压力"会让争论者将程
序化和非具象化逻辑运算用外显的语言表达出来。我们可以想象其中第

一个手势/象形化的步骤是什么。例如，在一些手势语(pantomiming)中表达"或"这个词，会通过给予他人这个客体(用一只手给出)，或那个客体(用另一只手给出)。又例如，在日常社会交流中使用"如果……那么……"这个手势语通常表达的是威胁和警示(如果 X…… 那么 Y……)。在语言传统中，这些逻辑算子的符号化，让它们更加抽象有力，而更容易进行自我监控和自我反思。

最后，说话者通常会外显化一些前提假设和/或共同基础，来帮助接收者理解。例如，假设我们共同觅食蜂蜜，这是在文化共同基础下我们都非常熟悉的文化实践。在这个活动中，我们共享了一些知识来指导活动的进行——我们应该去哪些蜂巢寻找蜂蜜，应该搜索多高的树，需要使用哪些工具，使用什么容器进行运输等。因此，如果你走开并开始把树叶编织到一起，我会耐心地等待，因为我们都知道树叶是用于运输的容器。但是，这一知识暗含于我们的共同基础中。而早期人类则会向合作者指出树叶的作用，将这一知识外显地表达出来。我作为一名现代人类，通过一些交流的方式，让你注意到有叶子出现："看，那里有一些很好的树叶。"这以一种更为直接的方式吸引你的注意，但依然存在被误解的可能(好在什么地方?)。所以，也许你会看向树叶，但一无所得。如果我假设你没有理解我的意思，我会说"这是菩提树的叶子"或者"我们需要一个容器"又或者"我们需要菩提树的叶子来做一个容器"等。我直接告诉你让你注意树叶的原因(我错误地认为你可以从我们的文化共同基础中推测出来)，明确自己关于交流的思维过程。这一过程同样能够让我反思自己的思维以及它们之间的联系，在它们只是内隐的共同基础时我不会这么做。

因此，在现代人类中，意图、逻辑运算和共同基础假设等都能够通过一套相对抽象和规范的共同语言习俗外显地表达出来。由于语言习俗及其规范性，新的反馈过程不只出现在类人猿做出决策时监控自己不确定性的过程中，也不只出现在早期人类监控接收者理解的过程中，同样也出现在一个"客观地"规范性思考的交流者，评价自己语言概念的过程中，像评价其他"客观地"规范性思考的交流者一样。结果是，现代人类不仅可以进行自我监控和对他人进行社会评价，同样可以进行完整规范的自我反思。

共同决策并给出理由

我们有必要探讨人类交流中一个非常特殊的谈话场景，其中包含了改变世界的人类思维过程，即共同决策。想象一个典型的情境，如合作者或长老会议试图选择行动方案。假设他们具有共同的文化背景，有很多的行动方案都是可行的。同时假设他们彼此独立且具有同等的权利，但他们不能只告诉他人做什么，而必须提出可能的行动方案并给出相应的理由。

让我们从早期人类开始探讨这个问题。由于早期人类合作者通常具有很多的共同基础，他们能够使用各种指示和打手势来内隐地说明原因。因此，我们可以想象到两个早期人类在追逐一只羚羊。他们失去了猎物的踪迹，在一块空地上停了下来，需要决定接下来去哪里。此时，一个人指向了地上的一些痕迹。这些痕迹对猎人都很重要，因为在他们共同的文化基础中，这是羚羊留下的痕迹，可能正是他们追踪的那只羚羊。这些痕迹的方向也同样重要，指明了羚羊可能逃跑的方向，这也是他们两人都知道的。这个人的指示行为将其合作者的注意吸引到痕迹上，而其目标是让合作者与自己一起向这个特定方向继续追。但他并没有指示羚羊逃跑的方向，而是指向了地面。这名交流者的行为提供了一种内隐的原因，我们可将其理解为：看那些痕迹，基于我们的共同文化背景，这些痕迹提示我们猎物可能逃跑的方向，并给我们追向这个方向的理由。而接受者可能指示另一个不同的方向，他侦察到羚羊的子代躲在那边的灌木丛中，这是一个更好的理由追向这个方向。但是这些原因都不是外显的，所以并不是我们所谓的推理思维。这只是一个开始。

110   随着现代人类和他们具有的习俗性语言交流的出现，我们开始具备了真正的推理能力。"推理"意味着不仅思考某些事情，同时以符合习俗的方式向自己或他人说明自己之所以这样思考的原因。这与传统观点是冲突的，传统观点认为人类推理是个人的事情。梅西埃和斯佩内尔(Mercier & Sperber, 2011)明确提出了这一观点，他们重新界定了交流和对话中的推理过程，尤其是在议论文中个体需要向他人明确说明自己相信某事的原因。其基本的观点是：当一名交流者告诉接受者某些事的时候，她希望接受者能够相信自己，一般来说她也会被相信(基于相互合作假设)。但有时候，接受者并没有足够的信任(由于各种原因)，因此交流者需要给出针对该陈述的原因。在这种情况下，个体给出原因是要试图说服他人。很多研究证据表明，推理的主要功能是说服他人。例如，人们倾向于寻找支持性而非证伪性证据（验证性偏差）。因此，说服他人对个人的适应性是有益的，可见人们使用推理能力是为了说服他人，而不是为了追求真理。

我们几乎可以肯定地说人类的推理（包括个体推理）源于社会交流。梅西埃和斯佩内尔的解释倾向于将合作过程看作背景；而相反的观点则将其作为前景，而关键的社会背景是联合或共同决策，这在合作性活动中经常出现。在捕猎时，你可能认为我们应该去这个方向追羚羊，而我认为我们应该去另一个方向。因此，你会使用习俗语言让自己的推理外显化，如指出南边有一个水坑。我则持有相反的观点，同样用语言让自己的推理外显化，每天的这个时间狮子会在水坑边，所以羚羊不会在那里；此外，北边还有一些羚羊留下的痕迹。你说这些痕迹看起来是旧的，但我认为看起来旧是因为今天早上太阳直晒，这些痕迹可能是黎明前后留下的。依此类推。以这种方式争论的关键点在于我们是在进行合作。正如达沃尔（Darwall，2006，p. 14）所说："只有在特定的情境中，即你和我试图一起达成一致的信念时，我们才需要彼此一直都进行逻辑的推理。" *111*

我们将其称为合作性争论（cooperative argumentation），在博弈论（game theory）中可以称为两性之争（a battle of sexes）：我们的最高目标是合作——在所有情况下我们都会一起打猎，因为除此之外我们没有可能成功。但在合作的前提下，我们依然会产生争论。在这种情况下，如果我们自己对羚羊逃跑方向的判断是错误的，我们都不会希望说服对方；我们都接受没能说服他人但晚上吃到了羚羊肉，而不是说服了他人但晚上挨饿。因此，我们的合作性中一个重要的维度是，我们都内隐地认同这样一个观点，我们应该有"最好"的理由确定追逐的方向。这才是合理的全部意义。

找到"最好"的理由，就需要考虑塞拉斯（Sellars，1963）所说的"正确性和重要性的一般标准，是将'我认为'和'别人应该认为'联系起来"。由此，在联合或共同决策时，我们进行合作性争论的前提是，使用一个共同的标准用于度量哪一种理由是"最好的"。因此就出现了社会规范，以规范群体决策中的合作性争论。例如，基于直接观察的理由比基于间接证据或传闻的理由好。更深层和概念化的问题是，最初产生冲突意味着需要接受特定的"游戏规则"，也就是群体关于合作性争论的社会规范。这就是街头斗殴和拳击比赛的区别。早期希腊人明确了在西方文化中最重要的辩论规范。例如，无矛盾律争论者不能认为同一个观点既是正确的又是错误的，同一律争论者不能在争论过程中改变论点的特性。在希腊人之前，我们也可以想象到，其他人会忽略那些认为同一个论点既是正确的又是错误的个体，或者劝告他们应该理性地进行争论。合作基础明确了它对推理的作用。自然世界本身可能完全就是"是"——羚羊在它们在的地方。但是，通过文化渗透的交流过程，我们明确了"是"的含义（在推理中使用塞拉斯的鼓动性短语），这个交流过程充满了应该（ought）。

112　　因此合作性争论是"断言性"（assertive）言语行为的发源地。断言（assertions）产生于信息性言语行为（informative speech），并超越了信息性言语行为。说出断言性言语的个体需要确保该陈述的可靠性(比如,我保证如实陈述,且该陈述客观真实),并在必要时寻找原因和理由支持自己的观点。原因(reasons)和理由(justification)是将我相信某件事的基础信息展示给他人的过程,让彼此拥有共同的(知识)基础,让他人能够同样相信这件事的原因(例如,我们都知道并接受"如果狮子在水坑边,那么水坑附近就不会有羚羊"这一观点)。我们也可以因为一个观点违背了争论的规则(如自相矛盾)或暗含了一些我们都认为是错误的信息,而选择不相信这一观点。此外,通过不同的推论关系(提供原因和理由)将不同的想法(包括自己和他人的想法)结合起来的能力是人类推理的关键,它以整体"信念网络"的形式将个体潜在的想法联系了起来。

现代思想家从社会文化的视角看待人类的思维,并认为其顶端是让事情清晰进入个体理性思维或推理中的各种人际过程的内化。为了明确自己想要表达的内容来帮助接受者理解信息,交流者在实际开口说话之前,可能以内在对话(inner dialogue)的形式,模拟自己表达的方式,让他人能够更好地理解。为了明确自己想要表达的内容来说服其他人,争论者会先模拟对手如何反驳自己的观点,并据此准备好相应的一系列对应的论据,这一过程同样可能以内在对话的形式进行。正如布兰顿(Brandom,1994,pp.590-591)对这一过程的描述:"独白式推理(monological reasoning)的概念从对话式推理(dialogical reasoning)中衍生出来,并只能在其基础上加以理解。对话推理注意的问题主要涉及不同背景的对话者从不同社会视角出发做出的评价。"

因此，在社会中至少内隐地认同这些人类推理的规范，而个体提供原因和理由也是为了说服"理性的个体"（rational person）。人类推理，包括自己进行的内部推理过程，完全是以一种集体规范性（collective normativity）的形式进行的，个体根据群体规范的习俗和标准调整自己的行为和思维，有人将其称为"规范性自我管理"（normative self-governace）（Korsgaard，2009）。

中立于行动者的思维

早期人类具备的第二人思维（second-personal thinking），其目标是在与特定他人进行直接合作或交流互动时，解决可能出现的协调问题。现代人类面对不同类型的协调问题，其中包括与几乎没有共同基础的陌生人之间出现的交流问题。从行为层次上讲，解决这些交流问题的方法是创造出群体范围内适用且中立于行动者的习俗、规范和制度。在文化共同基础中，每个人都会预期所有人都遵守这些习俗、规范和制度。为了与其他个体沟通性协调，人类交流同样需要习俗化，不是因为个人而是因为文化共同基础。要成为一名优秀的交流者，尤其是在共同决策中成为一名合作者，现代人类需要用语言外化地表达自己的想法及原因，并使用文化群体规范判断这些言语行为及其原因的可理解性和合理性。因此，现代人类不仅仅参与其他个体的联合性意图，同样也参与整个文化群体的集体性意图。

"客观地"表征

早期人类会同时从多个视角认知表征各种情境和实体，随后他们就将指示性和象征性交流行为中关于情境和实体的特定视角暗示或象征化表达出来。现代人类开始借助那些中立于行动者的习俗、规范和制度，与不熟悉的他人进行合作和交流，因此他们建立的认知模型和模拟的视角涉及不只是特定的他人，而是一般的他人或是更大的群体。许多年以来，群体都作为整体以特定方式视角化和系统化经验，具有语言习俗的个体出生在这样的环境中，会将这种方式具体呈现出来，*114* 因此，这种客观化的表征似乎是必然的结果。这一新的社会性操作的方法，让认知表征具备了三种新的重要特征。

习俗化　在生命历程中，现代人类个体第一次以习俗语言的形式"遗传"了一种文化构建的表征系统，包括结构化地存储由祖先发现且在与他人交流中有用的概念。言语习俗（linguistic conventions）在群体的共同基础下共有，由于人类的群体意识和一致性（从众），他们可以规范地被训练为用"社会标准"（community standards）来约束语言的使用。尤其是对语言获得期的儿童，这似乎表明个体言语规范的作用是先天存在的。

此外，言语规范的任意性创造或至少促进理解一些高度抽象概念的能力，如**公正**（justice）或**勒索**（blackmail）等概念不是系统化一个分类集，而是系统化的主题或叙事性的实体。在不同情境中，语言符号的任意性也会将相对具象的概念变得更加抽象，如开（open）或打破

(break)。更重要的是，由于习俗化的特点，言语习俗及其相互关系使得具有相同文化背景的人能够外显地表征具象化的概念，如小羚羊(gazelle)、动物(animal)、晚餐(dinner)等。由于从个体自身工具性行为经验得到的概念与使用语言习俗构造的概念存在差异，这些具象化的概念在人与人之间存在差异，从早期希腊人到本杰明·李·沃尔夫(Benjamin Lee Whorf)[①]都一直在思考这一问题。

命题式　现代人类开始以一定样式(in patterned ways)的组合形式使用语言习俗，将抽象的语言结构创造为各种语言完形(linguistic gestalts)。很多语言结构将整个命题概念化，二阶符号(second-order symbols)在其中起到了重要的作用，他们使用二阶符号的内部结构完成这个过程。命题水平的语言结构是视角性的(如积极 vs. 消极)，其中一个元素(主语)提供了一个进入概念化情境的视角切入点。而语言结构的抽象化让构建概念组合成为可能，因此，我们可以向自己表征各种想象的实体和情境，从幸福的太阳到月亮里的人等。语言结构为各种隐喻表征提供了可能，隐喻表征的类比结构提供了一种新的思维模式，如一个想法"破坏"(undermining)另一个想法、各种活动"吃掉了"(eating up)我的课余时间。在语言结构上将各种交流动机和态度外化，有助于客观地建立关于经验的观点，它认为与事实类似的命题内容应该独立于任何特定个体的愿望或态度。

现代人类也可以使用这些语言结构做出断言，这些断言可能是关

---

① 沃尔夫假说的提出者。——译者注

于特定偶发事件，也可能是关于一般性事件或某类事实，人们可以确保这些断言客观真实，尤其是在强调规则（"人们不会在公共场合这么做"）和教学（"这是这样运作的"）的时候。这种一般性可能缘起于断言背后的规范性"群体声音"（group voice），并赋予它超越个体的客观性。

"客观性"　早期人类生活的世界中包含了不同个体的观点。现代人类也是一样，但同时在群体意识的文化背景下，还出现了一种由全世界共同创造的实体，如与婚姻、金钱和政府相关的习俗、规范和制度等。这些实体在个体亲身经历前就已经存在，它们的存在也不依赖于任何单一个体的想法和愿望，就像是物理世界一样，是一种"已然存在"（always already there）的状态。此外，这种集合实体（collective entities）预先设定角色，其中任何主体理论上都可以无缝衔接。事实上，在一些情况下，这些角色又会创造出新的事实，如总统和金钱，我们已经看到了它们真正的作用。在这个世界上生存，个体需要能够采用中立于行动者的评价的视角来看待事物，一种特殊的"先验的"视角构成了这个客观的世界，并验证个人判断的真假和正误。

作为一个现代人类，个体要建构自己关于这个世界的认知模型，仅使用简单的因果和意图推理是不足够的。为了解释行政和婚姻等问题，除了语言和文化，他们还需要理解由一些集体协议（collective agreement）创造并由集体规范判断保留下来的事情。换句话说，他们需要一些新的有关集体现实（collective realities）的概念，超越单一个体和多个个体的想法和态度。构建这样的模型自然会导致类似真实、正确之类的判断，但这些判断并非源于个体自身，而是来自文化背景中超越个人的、"客观的"观点。言语表征(linguistic representation)，尤其是断言这种区别于第二人的态度(second-personal attitude)和一般命题内容(例如"我觉得在下雨")的表征，在于它只额外增加了更多的客观性和具体性。因此，现代人类将早期人类的生活方式"集体化"，并据此将自己对这个世界的认知模型客观化。

反思性推理

"人类和类人猿有共同祖先"这一推断是简单的因果和意图推理。早期人类的推理是递归结构的，这使得它们能够进行并解释合作交流行为，尽管这种行为可能仅仅只是伸出一个手指。但是现在，现代人类的语言交流为推论和推理打开了全新的大门。我们现在具有了形式推理(formal inference)和语用推理(pragmatic inference)的能力，交流者可以从客观、规范的角度反思外部交流工具(communicative vehicles)。对他人的推理和辩护(以及对自己的内部推理)，有助于个体将多样的概念联结起来形成独立的推理网络。

言语推理　不同语言学习俗所指对象的分层关系是习俗化(conventionalization)过程中的一部分。于是，每个人都明白人们只对一种特定的动物使用"**羚羊**"这个词，而"**动物**"这个词则可以对所有动物使用，羚羊只是其中一种动物。据此我们就可能进行形式推理：如果我们知道一只羚羊在山顶上，那么我们就知道有一只动物在山顶上(但反过来却不成立)。形式逻辑(formal logic)的早期发展是建立在形式推理基础上的，在当代概念角色语义学中，形式推理也发挥了重要的作用。同

样重要的是，我们都明白我们知道一个交流者可以选择用词，这就引 *117*
出了格赖斯(Grice，1975)的语用推理：如果我将某人看作"熟人"(ac-
quaintance)，那最可能意味着我们并不是朋友——因为如果我们是朋
友，我会使用"*朋友*"(friend)这个词。这些含义和相应的推理可能也只
是因为有效的选项是群体共同的文化基础，因此，我们能够一起疑惑
为什么我做出了这样的选择。习俗的语言交流使新的推理类型成为
可能。

　　此外，语言交流和语言习俗(linguistic convention)的任意性，让现
代人类可以使用语言外显地表达一些在早期人类的自然手势中不容易
表达的概念，如意图状态和逻辑运算。基于这样的假设，在个体使用
外化行为向他人表达自己思维的时候，我们能够理解他们的思维——
因为只有这样个体才能从他人的视角出发，尝试理解他人的观点。语
言交流使得现代人类能够拥有更多能够反思性思考的新概念。重要的
是在一些情境中，正如现代人类自己的反思性思维一样，他们不仅仅
会从自己的角度思考，或只从他人的角度思考，也可以从一个更为"客
观"的角度进行思考。

　　反思性推理　　合作性争论是一个特殊的谈话情境，在其中我们尝
试针对一种行为或信念进行群组讨论。我们这么做不仅是为了下定论、
寻求真理，也需要使用推理和判断支持这些定论，这也就将大家认为
是正确或者可信的事物联系起来。这一过程的结果是，将现代人类各
种概念化、命题式的想法用语言表达出来，使其在"信念网络"(web of
beliefs)上联系更紧密、更易被推理，网络上的每一个元素均能够从与

其他元素的推理关系中获得意义。这种联系性是成为一个完全理性动物的关键成分，作为完全理性个体的我们，"了解自己"的整个概念系统，在这个概念系统中命题式思维涵盖了对各种命题的推理和判断（例如，在争论中，它们可以作为彼此的前提和结论）(Brandom, 2009)。

118　　此外，现代人类开始参与这类合作性争论时，表明他们接受了规范的存在。这些规范使得做出某些行为的个体将会被无视或排除出群体的决策过程，如反驳每个观点、在辩论过程中改变立场或者认为单一的定论同时是对或错的个体。合作性争论的过程是特殊的语言博弈，其中人类的理性规范逐渐影响了所有那些想要在集体决策（如政治、审判和认识上的决策）中发表意见的个体。

所有这些规范都可以被内化。简单来说，内化是指对于个体来说，无论是作为交流者还是作为接受者，个体做出的一个交流行为中就包括了保持"另一个"到"客观"的可理解性、合作式参与等规范标准。其造就的内在对话（internal dialogue）是人类思维的一种重要类型(Vygotsky, 1978)。当交流情境是合作性争论时，争论中的论证和判断就是当前得到内化的内容。个体可以给自己一个普遍性判断的理由，来解释为什么自己会像现在这样思考，因此，他会通过其他概念化普遍认可的推理关系来确定自己的概念化过程。获得信念网络与人类灵活地使用这一网络的能力，是进行个体推理的能力基础。

此时，现代人类的推理，不仅是类人猿那样想象因果和意图序列，也不仅是早期人类的视角化和递归化，而且包括了使用语言习俗的新推理，以及反思自身思维的新形式，其中包括内在对话。当这些过程出现在特定合作性争论情境中时，就出现了我们所说的推理（reasoning）。因此，在文化群体的规范标准背景下，现代人类有时能够进行一种合乎逻辑或反思性的推理。

规范性自我监控

早期人类会进行合作性自我监控（cooperative self-monitoring）和交流性自我监控（communicative self-monitoring），前者是指通过对特定对象反馈的评价，调节自己的合作行为；后者是指通过对特定伙伴的预期性解释，调节自己的合作行为。将这些过程放大到现代人类生活的文化特质上，个体现在能够自主调节自己的行为决策，而不需要借助文化群体中大家都知道并接受的规范。现代人类在决策中不仅感受到第二人的压力（second-personal pressure），同样也会感受到群体水平使人保持一致的规范压力。因此，我并没有违背自己的承诺，首先因为我并不想让我的伙伴失望，其次因为在这个群体中"我们"并不会这样对待其他人。这种更一般的规范性最终回归到了群体认同：如果我想要成为这个群体的一员，我就必须像他们那样做，我们（包括我）都承诺遵守这一规范。

现代人类的思维和推理在多个维度上都变得更为结构化和有组织。当个体依据交流习俗（communicative conventions）与他人交流时，需要以自己预期能够成功的方式进行。此外，在群体决策和合作性争论情境中，个体必须遵从特定的规范。参与群体决策的其他个体以一种有用的方式参与进来，与我息息相关，因此每个人都与其他人息息相关，遵守推理和争论的规范，通过与已经被广泛接受的命题和论据联系进行论证，等等。内化使这种交流过程成为个人理性（individual reason）。

规范性自我管理　规范性自我管理是集体规范性（collective normativity）内化的结果，个体借助群体社会规范，进行合作和交流的自我监控并调节自己的行为。现代人类与自己交流，思考并评价自己的思维与群体社会规范标准的关系。这种反思意味着人类知道自己正在想什么，并可以用这种方式向自己提供关于这些思维的一般推理和原因。因此，某种程度上个体使用了"共同体标准"（community standards）将自己很多各异的想法以复杂推理网络的形式联结起来。思维的主体对自己的思维和推理运用执行控制时，同样进行这样的反思。科斯佳（Korsgaard，2009）强调了人类不仅具有目标并以特定方式做出选择和推理，同样会在事前对其进行评估，这些是否是好的追寻目标、是否是好的决策、是否是好的原因，即具有一个额外的反思和评价层面。这里提到的规范判断并不只针对自己，也不是针对特定的伙伴，而是针对群体内任何会以同样方式做事的个体，做出一种关于能否作为一个好的目标、决策或对理性个体推理过程的判断。

现代人类会使用内化的群体社会规范来指导行为和思维。这意味着在合作性互动中，基于合作的规范，现代人类遵照广泛接受的方式来做事；而在交流互动中，基于群体中有关推理的规范，他们遵循广泛接受的方式使用语言和言语性论据（linguistically formulated arguments）。

客观性：本然观点

与其他只生活在赤道附近的类人猿不同，现代人类迁徙到了整个地球上。他们并不是个体迁徙，而是整个文化群体进行了迁徙。在任何一个栖息地中，单独的现代人类个体都不能够自己生存很久。相反，在每个特定的环境中，现代人类文化群体发展出了一系列具有特异性和认知复杂性的文化实践来适应当地的条件，从猎捕海豹、铸造雪屋到收集植物块茎、制造弓箭，甚至是科学和数学。我们尝试去做的是详细说明认知和思维的过程，使得现代人类个体能够从合作性和交流性两方面与周围的人进行协调，努力适应在世界各个地方遇到的新异问题。

对于现代人类的出现有这样一种设想：早期人类相当友好地在一起生活，通过与他人多种方式的合作和交流，达成各种合作目标。随后，人类面临一系列人口结构方面的挑战，群体意识（group-mindedness）和群体一致性（conformity）的大潮冲刷了每一个人。人们自发地与同伴进行协调来打猎或收集每天的食物，然后逐渐发展出一些约定俗成的文化实践。人们自发与同伴交流，使用特殊的手势调整复杂的合作活动，然后逐渐发展出习俗化的言语交流技能。而人们自发地在多种合作方向上劝诫或教诲彼此，然后逐渐发展出大家都知道并使用的社会道德和理性规范。早期人类在一起生活，与他人联合互动（jointly）；现代人类生活在一起，与他人集体互动（collectively）。

　　这种群体意识和一致性浪潮的作用之一是，文化群体选择也伴随了文化的持续演化。个体认同自己所在的群体，而区别于其他群体，当群体本身已成为一个自然选择单元的时候，文化群体选择就出现了（Richerson & Boyd，2006）。成功的文化以这种方式适应了周围的环境，而未能成功的则消亡了。文化群体中的发明被精确地传递下去，保持其在群体中的稳定性，直到更先进的发明出现（这被称为棘轮效应）（Tomasello et al.，1993），文化演化才得到了累积。现代人类比早期人类和类人猿有更强的棘轮效应，因为现代人类除了具有更好的模仿技能外，还具有更强的教别人东西和在被教学时迎合他人的倾向。随着群体意识和一致性大潮，我们的文化群体才可能创造并持续促进认知产物——从捕鲸的步骤到解微分方程的程序——帮助人们适应当地的环境，同时也将他们与其他文化群体区分开来。

　　这一群体意识和一致性浪潮的潜在影响，是用于思维中新的、集体文化形式的认知表征、推理和自我监控。现代人类开始"客观地"表征这个世界，任何理性个体都可能做出反映一般性的、中立于行动者的表征。此外，人类的言语交流技能使他们能够探讨之前不能够探讨的问题（如心理状态、逻辑运算过程等），让人们能够更具深度和广度地进行反思性推理，即关于自己思维的思维。在合作性争论情境中，现代人类将支持自己观点的理由外显地表达出来，将它们放在一个推理网络中与其他知识联系起来，然后这种社会实践逐渐内化成为完整的反思性推理。现代人类的自我监控，第一次反映了不只是他们对特定他人第二人的评价（second-personal evaluation）的期望，同时也反映了他们对"我们"作为一个文化群体的规范性评价的期望。由于所有这些行为和思维的新方法，人类这颗实验蛋上出现了裂痕：个体不再对比自己和特定他人的观点，即来自各方各面的观点；她会将自己的观点与某种一般性观点进行对比，这种一般性观点是每个人都具有的、客观真实正确的，是本然观点。

因此，如果从道德观点看，合作通常让个体忽视自己的利益，而去考虑他人或群体。从认知观点看，合作性思维通常让个体忽视自己的观点，而考虑一个更为"客观"的他人或群体的观点（Piaget，1928）。因此，在合作性交流中，我必须要尊重接受者的观点；而在合作性争论中，如果他人的观点比我的好，我就必须要能够接受他人的推理和论据，放弃自己的观点——依据我们共同认可的合理性准则，其中包括我们认同的客观存在。用内格尔（Nagel，1986，p. 4）的话说："客观性是一种理解的标准……为了获得一种对生活或这个世界更加客观的理解，我们暂时放下自己最初的观点，并形成一种新的概念，其中包括那种观点以及它与这个世界的关系……我们使用一个更加客观的概念，不断重复这一过程。"在这个公式中，"客观性"是能够从更广的角度思考事物的结果，同样是我们将一个观点植根于另一个观点中并递归出更全面的观点。在当前的论点中，更全面意味着从一个更广的角度、更超越个人存在的一般性个体或社会群体出发，即任何一个人的视角。

通往现代人类的下一个决定性步骤，取代了早期人类合作性和视角性思考方式，使其集体化和客观化。早期人类内化并参考米德（Mead，

123　1934)所说"重要他人"的观点；而现代人类则将群体作为整体，或考虑群体中任何成员的观点，即米德所说的"一般他人"，内化并参考其观点。此时，人类思维不再只是单独的个体过程或者只是第二人的社会过程，而是一种关于"我怎么想"到"其他人应该怎么想"的内化对话(Sellars, 1963)。人类思维具有了集体性、客观性、反思性和规范性的特点，也就是说，变成了成熟的人类推理。

/ 第五章　合作中的人类思维 /

伴有社会性成分和历时性发展的活动的内化是人类心理的一个特征。

——列夫·维果茨基,《社会心智》(*Mind in Society*)

相比其他灵长类，人类的认知和思维更为复杂，而这也同样体现在人类的社会互动和社会组织上。然而，这一切并非巧合。

"没有类人认知(human-like cognition)的支撑，人类社会就会分崩离析"，从这个意义上来讲，复杂人类认知必然是复杂人类社会形成的原因。然而，从演化的角度来说，这种貌似合理的"认知-社会"因果联结并不可能发生。因为上述联结发生的前提是，首先要存在一些强大认知技能得以被选择的行为领域，之后这些认知技能还需要能够以某种方式解决社会问题。但考虑到我们试图解释的是包括文化习俗、规范、制度在内的这种独特的人类合作和交流形式的支撑性认知技能，可能的相关行为领域的确定极为困难。同样，说这些复杂合作成就(认知技能)是那些人类工具使用和猎物追踪过程中演化出的认知技能的功能的扩展适应(exaptation)，显然也是不太可能的。

所以，依我们现在的观点，最可能的演化场景是，那些新的生态压力(如个体可以独自获取的食物的消失以及由此带来的更大的群体规模和更激烈的外群体竞争)直接作用于人类社会互动和社会组织，进而导致人类更具合作性的生活方式的演化(如合作觅食以及由此产生的服务于群体协调和防御的文化性机构)。通过交流来协调这些有合作和文
125 化成分参与的生活方式，需要新的技能和动机，以相继借助联合意图性和集体意图性来达到同其他个体的"共同运作"(co-operate)。粗略地说，这种服务于"共作"的思维就是我们这本书讲的共享意图假设。

鉴于很多人类独特思维的不同方面同人类具有的独特合作和交流的不同方面相关联，我们尝试对前者进行详细解释，这也导致我们的演化叙事在细节处遇到很多波折。因为目前并没有专门针对此问题进行的演化叙事，这使得我们很少有其他理论来参照。然而，当前存在一些解释人类独特认识和社会性的一般性演化理论，对它们的浏览有助于我们更好地把共享意图假设镶嵌于前面提到的理论描画当中。

人类认知演化相关理论

当被问到什么导致了人类认知和思维的独特性时，很多认知科学家的一种默认答案可能是像"一般智力"一样的东西。他们的观点是，既然人类演化出很大的大脑，而大脑又具有很强的计算能力，人类就有能力以更多、更好和更快的方式进行所有类型的认知加工，包括思

维。即使这种观点在某种程度上正确，人类独特的思维如何在演化上成为可能这一问题仍未得到解答。采用极端的观点，仅说因为聪明比愚笨更具有适应意义，所以人类变聪明了，这是不合理的。它是一个影响最为恶劣的"就是-所以"故事(just-so story)。同时可以飞翔和走动比仅仅只能走动要好，那么人类为什么没有也会飞呢？这里的问题在于，一个合理的演化理论必须建立在涉及一套具体境遇的演化情景的基础上，在这套境遇中，一套特定的认知技能为掌握它的那些个体提供了一连串优势。

　　就一般智力而言(如果说这是一种有用构念的话)，最近研究数据显示，更为具体的叙事无疑更贴近我们的社会现实。赫尔曼等人(Herrmann et al.,2007，2010)对同人类亲缘最近的灵长类近亲黑猩猩和猩猩以及 2.5 岁人类儿童进行了大样本研究，他们以一套综合性认知测验对被试进行了施测，来评估其应对物理世界和社交世界的技能。如果人类和类人猿的区别是基于一般智力，那么人类儿童在所有任务中的表现都应该同类人猿有区别，然而，结果并非如此。结果显示，人类儿童和类人猿有相似的应对物理世界的认知技能，但那些虽然只会使用一些语言的人类儿童(离可以阅读、数数和上学还有几年)，已经具有了比类人猿更为复杂的应对社交世界的技能。因此可以假设，人类成人在几乎所有事情上都比其他类人猿聪明，不是因为他们具有更强大的一般智力这样的适应，而是因为他们从儿童期开始的成长过程中，就使用特殊社会认知技能同他们文化下的其他人就所有新事物(包括使用各色人造物和工具)进行合作、交流以及社会学习

126

（Herrmann & Tomasello, 2012）。

　　类似但不同的商榷同样适用于那些描述虽然窄化但仍属于领域一般性(domain-general)的解释人类独特认知过程的理论，此类最系统的尝试是佩恩等人(Penn et al., 2008)做出的。他们认为，使人类认知区别于其他灵长类的是人类理解和推理各种高阶关系的能力。除了他们引述的一些有关类人猿的数据存在争议，总的问题在于该理论预测人类和类人猿在处理不同领域活动中的多类问题时，存在全面差异。然而，这同赫尔曼等人(Herrmann et al., 2007, 2010)的研究发现并不一致。此外，佩恩等人并没有提供同人类关系概念相连的特殊技能在何种适应场景中得以演化的详细叙事。实际上，第三章专栏 1 的讨论中我们提出了一个备选解释：人类尤为复杂的关系思维源自对各类联合意图性和集体意图性中不同个体角色的理解。这样，这种特殊的关系思维形式，仅仅是对新的社会参与形式产生的认知适应罢了。相似的还有科尔巴利斯(Corbalis, 2011)的观点，他指出，人类认知独特性的关键在于递归(recursion)，尤其体现在语言、心理时间旅行和心理理论中。在我们的解释中，递归同样扮演着重要角色，但并非全部，相反，它是人类彼此用特殊方式合作和交流的一个产物。同时这种特殊方式，恰恰也是人类在合作性(明示-推理)交流过程中推理时必然要使用的。

　　第二种解释人类认知独特性的假设涉及语言和/或文化。就语言而言，一些理论家的解释指向了人类独具的不同类型的计算过程，借助它们，语言使不同类型的组合/句法生成性和递归成为可能(Bickerton,

2009)。更具哲学思维的理论家在解释推理时把焦点放在了语言上，那就是，人类为揭开事实而做出的断言，并借助表达出的理由(如同科学、数学，或者法庭和政治纷争中用到的理由)试图去向他人证明这种断言的合理，而这只有借助于某些类别的语言才能成为可能(Brandom，1994)。当然，没有人可以驳斥语言在人类思维中的重要性，实际上，语言也是我们提出的人类认知演化过程中第二步的关键成分，但依我们当下的观点，它在这个过程中的作用只在演化中的晚些时候才会发生。我们之前已经提到，服务于联合意图性(如联合目标、共同概念基础、递归推理)的一些早期适应使得人类语言的产生成为可能，语言的最终出现是人类活动习俗化和规范化这一更大过程中的一个部分(Tomasello，2008)。在我们看来，说只有人类具有语言如同说只有人类建造摩天大楼，事实上，在灵长类中也只有人类建造稳定的居所。但语言是人类认知和思维的巅峰，而不是其基础。

与此相关，很多社会和认知人类学家坚信，同其他灵长类的认知相比，人类认知最卓越之处在于其存在的跨群体变异性，而这也证明了文化过程在其中的基础作用(Shore，1995；Chase，2006)。个别后现代理论家更激进地宣称，从根本上说，所有的人类经验都发生于人类文化的递归实践当中，所以人类的独特思维只有在这一文化框架下才成为可能(Geertz，1973)。同样，在某种意义上，这些强调文化的核心作用的观点都是正确的。但如果我们的问题同样是这种独特思维的演化起源，仅有上述理论是不够的：甚至在人类文化多样性产生之前，人类思维就已变得独特，这尤其受益于物种一般性的合作、合作交流 *128*

和联合意图性的演化(这仍然可以在当今前语言阶段的人类儿童具有的物种独特的技能中发现)。这些技能使得在接下来的时间里文化的演化和发展成为可能。这样的分析也适用于理查森和博伊德(Richerson & Boyd, 2006)的观点，他们认为，文化群体选择在人类所具备的很多独特属性当中都扮演着关键角色。不过，我们演化叙事的第二步同样涉及这一过程，但问题同样在于，文化的产生首先需要很多前提性的和伴随产生的人类独特能力，进一步使得文化群体选择成为可能(如一致性、习俗化和规范化)。既然一种文化包含有做事情的习俗化方式(对于现代人类来说文化就是这种方式)，那么一定有些东西在习俗化发生之前就已经很复杂，并掺杂着自然的基础性合作成分。

所以，或许我们每一个人都同意，语言和文化对现代人类认知和思维的产生来说是必需的。然而，前面已经提到，某些人类独有的社会和认知过程是语言和文化得以产生的前提。例如，那些同一般性的联合意图性和集体意图性相连的成分。而在人类演化上，它们比语言和文化出现得更早，抑或同期出现。因此，一个完整的解释必须承认这些早期或同期出现的过程的作用。实际上，依我们的观点，如果要了解语言和文化在社会参与和社会交流中以何种方式工作，需要对背后涉及的联合和集体意图性过程有一个全方位的了解(Tomasello, 1999, 2008)。

第三个也是最后一个假设来自演化心理学家。图比和考斯麦茨(Tooby & Cosmides, 1989)提出了一个"瑞士军刀"隐喻，该假设认为，人类心智包括多种具有特定目的的模块(module)，它们演化而来，以解决那些具体的无关联问题。在这些模块当中，很多的以及那些很重要的模块大都起源于早期人类以及他们的小群体社会互动。在认知心理学中，那些演化作用非常小(evolution-free)的领域，把焦点放在面临的专化适应挑战以及为应对它们而演化出的认知能力上，是很重要的，也是必需的。但是，在实践中，演化心理学家主要把重点放在了诸如配偶选择和乱伦回避等非认知问题上(或者仅涉及微量认知成分)。就认知而言，图比和考斯麦茨(Tooby & Cosmides，2013)仅满足于简单地指出在多个领域(domain)人类认知体现出其演化印记的多种方式。*129*例如，在推理领域，解决一些逻辑问题时，把问题放在同演化适应环境相似的背景中会使被试表现更好；在空间认知领域，女性比男性表现出更好的空间记忆，因为空间记忆是对植物采集问题的适应；在视觉注意领域，人类对动物的到来和离开尤为注意。然而，到目前为止，这些理论家并未对一般性的人类认知模块或它们同其他灵长类相关联的一些具体方面给出综合解释。

从上述一般视角出发(以模块和适应为焦点)，还有一些理论为解释人类认知的独特性做出了更系统的尝试。首先，施佩贝尔(Sperber，1996，2000)指出，像所有动物物种一样，人类拥有很多高度专化的认知模块(如对蛇的探测和面孔识别)，以及一些更一般的模块，如直觉物理学(intuitive physics)和直觉心理学(intuitive psychology)。这些模块支撑了他所谓的"直觉信念"(快速、不受证据影响)。使得人类认知尤为有力的是一类超级模块(supermodule)，它们使个体的元表征(不仅认知性地表征这个世界，也表征他人或自己对这个世界的表征)成为可能。个体借助命题(组合和递归)进行此类表征,进一步导致施佩贝尔所谓的"反思信念"(也许通过好的理由或采用个体信任的他人信念而形成)。如果其他动物也进行元表征的话,那么仅会是以不涉及组合和递归的极为初级的形式进行。人类的这种元表征能力(实际上,施佩贝尔认为可能存在三个不同的元表征模块)使得从合作性(明示-推理)交流到教导和文化传递,再到同他人辩论时的推理的一切事情成为可能。同时,元表征能力和同样也是人类独有的语言模块协同演化,并存在交互影响。

卡拉瑟斯(Carruthers,2006)认为,非人灵长类的认知涉及表征和推理,但它们的认知模块具有的"区隔"(compartmentalization)导致了它的局限性。相比而言,人类认知更具创造性和灵活性,因为在人类演化过程中,不断有额外的模块加入,其中最重要的要数读心系统(比类人猿能做得更多)、语言学习系统、规范性推理系统。这些模块在同一情境中可以同时发生作用,创造出新事物。此外,人类演化出一种在工作记忆中创造性想象和排演行动计划的倾向(disposition),使得不同模块之间可以更灵活地相互作用。

结合人类遗留痕迹,米森(Mithen,1996)尝试系统地提出了一个人类认知演化的模块理论。他对早期和现代人类进行了区分,指出早期人类在认知上相对受限,几千年的时间里他们在各处都使用着相同工具,没有符号化行为。在对这种限制的解释上,他假设早期人类像大多数动物一样,拥有若干不同且互不嵌套的认知模块。特别是,他们具有针对工具的技术智力、针对动物的自然史智力、针对同伴的社会智力。但这些智力都不会同其他模块发生相互影响。作为现代的人类，我们获得了符号能力和语言，使得这些模块可以共同工作，创造出同现代人类思维相关联的"认知流动性"①（cognitive fluidity）。

这些具体的演化心理学解释有一个共同点：非人灵长类，甚至也许还包括早期人类，被一系列高度区隔的模块支配。这也意味着他们的认知过程都是相对狭窄和不灵活的。相比而言，人类认知更为宽广且灵活，因为人类拥有包括一些更新的模块在内，可以在一定程度上共同作用或相互连通（通过元表征、符号、语言，或者一些诸如工作记忆中创造性想象的平行过程）。这意味着非人动物（或许包括早期人类）仅操控第一系统的直觉推断，现代人类却可以额外地在实际思维的基础上操控第二系统的反思推理。但是这种除人类之外，其他动物都具有的严格模块论的观点，却同类人猿思维研究中的数据完全不匹配。并无证据显示类人猿仅受高度区隔模块的支配，实际上，本书的第二章已经呈现了相反的证据。在物理领域和社会领域借助抽象表征、简单推断和原范式（由物理因果性和社会意图性建构）行动之前，类人猿常常都会使用第二系统加工进行思考。在我们看来，上述尝试性解释都是符合模块论的，同时也为人类灵活性思维腾出了空间，不过不能同已有实证证据很好地匹配。

同样，考察这些不同理论家假设的具体模块之间的不同能给我们 *131*

---

① 米森（Mithen）在《心智前史》（*The Prehistory of the Mind*）中首先提出了该术语，主要用来描述在演化过程中，由区隔认知转变为相互连通的认知的过程中，认知区隔逐渐溶解的过程。——译者注

带来一些启发，实际上，它们常常在分析的不同水平上发生作用（类比对蛇的觉察/面孔识别与技术智力/规范性推理）。或许我们可以把其汇编成一个更为系统和综合的清单，但真正的问题在于，模块理论家对起源问题的探求常止步于探寻某一模块的单一演化功能（它对什么有用）。广为所知，在演化上，新功能常常由已有结构催生（或许通过把这些结构以某些新的方式重新组合）。例如，规范性推理模块几乎一定由服务于一些事情的技能和动机建构而来，如进行个体推论、顺从他人和群体、评估他人和对他人评估保持敏感、合作交流以及其他技能。着眼于考察当代人类认知结构的单一演化功能［通过逆向建构（reverse engineering）］，会遗漏演化的动态性，即随演化发生的已有结构拼凑创造新功能的方式。这种动态性意味着，依赖共同起源，很多认知功能之间存在着很深的关系。例如，一个诸如合作觅食的复杂适应行为可能包含很多子成分过程，如快跑、精确投掷、有技巧的追踪（更不用说联合意图性这一技能），它们都可能有其他适应功能，或者对其本身而言，或者将其放在其他复杂行为中来说。一旦我们越过解决那些伴随有即时和迫切适应收益（如配偶选择和天敌觉察）的窄化问题，这种层级结构对理解不同认知技能之间如何相互关联就会变得极为重要。

因此，我们并不倾向使用暗示着静态结构或工程视角的"模块"，相反，我们更倾向选择暗示着动态演化过程的"适应"一词。适应可能有窄化的瞄定目标，我们自己这里也借助了习性学中同模块概念在精髓上有着紧密联系的适应专化这一概念（蜘蛛结网）。然而，也有一些其他适应可能有着更广的适用，或者一开始就有，或者通过实践的推移逐渐扩展。例如，类人猿似乎并不是专门对工具使用形成适应，大猩猩和倭黑猩猩同样如此(仅有一些猩猩群体存在一些例外)，但所有圈养的类人猿都能在适当的情境下娴熟地使用工具。这样，这里的适应似乎更多地服务于操控物体时的因果理解，如果个体需要，则可应用于工具使用(这可以同一些鸟类对比，在它们身上，适应似乎专门服务于工具使用)。

　　沿着上述思路延伸，我们可以问是否真正存在领域一般性的横向(horizontal)能力(这里的隐喻是，诸如空间和数量这些具体内容是纵向的，诸如表征、记忆和推理等一般过程则是横向的)。一些模块理论家相信，看似横向的能力并不代表某个领域一般性的过程，相反，每个模块都有与其他模块无关的自己的计算过程。我们认为，这种观点同样遗漏了复杂适应中层级结构的重要性。诸如认知表征、推断和自我监控这类过程，可能最初(一些远古爬行类祖先)是从一些相对窄化的行为专化(behavioral specialization)的背景中适应而生的，但随着新物种的演化，面对着新的复杂问题，这些过程在许多不同的相当宽泛的适应当中被选配(co-opt)为亚成分使用。在具有高度灵活性的机体中，如类人猿和人类，这种选配过程尤为重要。实际上，这个过程的广泛发生是认知灵活性的一个核心成分。

　　最后，我们同样必须指出，在我们看来，服务于共享意图的人类技能和动机并不代表着发生于个体层面的典型适应。早期人类有他们自己的个体性认知技能，但随后他们开始试图通过联合注意去同他人就联合目标保持协同。然而，解决这些协同问题并不意味着事情的结束，相反，它为早期人类打开了新的操控方式，特别是就包括经验中修正后表征和推断过程在内的几乎所有事件中进行参照性交流的可能性。这样，共享意图的出现导致了涉及个体性意图/思维的所有过程的重构、转换和社会化(即便不是前所未有，这也是一个不一般的演化事件)。这并不意味着人类不再使用不受此过程影响的第一系统加工，实际上，他们经常会对事件发生概率、道德两难处境、危险情境等(Gigerenzer & Selton, 2001；Haidt, 2012)做直觉决策(gut decisions)。然而，对于上述问题，人类可能用第二系统思维进行考虑甚至交流，*133* 虽然这并不会影响他们最终的行为决策。因此，服务于共享意图的技能和动机几乎转变了人类针对每一件事情的思维方式(因为他们几乎可以交流一切事情)。

无论如何，如同在开头提到的，所有这些假设(前面回顾的三个)同共享意图假设都不具有直接的竞争关系，因为它们都没有专注于人类思维和对应的成分加工。我们认为，它们每一个都揭示了独特人类认知和思维真相的一个部分，但我们这里的解释更具概括性，它涵盖了人类思维的所有不同方面，并且在解释演化过程如何在已有成分过程基础上拼凑复杂行为功能的方式上更加正确。此外，下面我们将会看到，共享意图假设同样和人类社会性演化的当代理论具有很大程度的一致性。

社会性和思维

就人类社会性的演化，存在很多不同理论，但在他们之间存在着一个共识：合作性逐渐增强这一大方向(至少直到1万年前农业、城市和层级社会崛起之前的这段时间里)。同其他类人猿不同，早期人类开始通过伴侣配对(pair bonding)的方式交配(mating)，进一步使核心家庭(nuclear family)变为新的合作社会单位(Chapais，2008)。与之相关，相比其他类人猿，人类开始多方面在合作抚育，其中母亲以外的成人也开始照顾小孩子(Hrdy，2009)。这种新形式的抚育——祖母和其他女性同儿童留在家里，最健康的女性外出觅食并带回食物分享——可能是合作觅食的先导，也可能与其协同发生，而这进一步使家庭网络融入新的合作单元(Hawkes，2003)。同时随着现代人类的崛起，当他们在文化群体选择中同其他人类群体争夺有价值的资源时，包括可能由互不相识的个体组成的部落和宗族在内的整个文化群体变成了合作单元(Richerson & Boyd，2006)。

这种合作的趋势同人类日益增强的认知能力如何相互影响很少被探究，甚至思考。其中存在两个主要的例外，第一个是社会脑假设，作为支持该假设的证据，邓巴(Dunbar，1998)在灵长类之中证明了脑的大小(可能反映了认知复杂性)同群体规模(可能反映了社会复杂性)之间的正向相关关系。现代人类是一种极端案例：人类大脑的大小和群体规模都比他们的近亲类人猿大好多倍。高利特等人(Gowlett et

134

al., 2012)尝试在人类演化史当中追踪这种关系，发现在大约 40 万年前的*海德堡人*中，大脑的大小和群体规模都发生了巨大的跳跃，而这当然也是我们假设的借助联合意图性，人类思维演化的第一步发生的精确时间。然而，群体规模仅仅是社会复杂性的一个粗略指标，所以就上述相关关系中涉及的实际过程，社会脑假设仅仅给了我们一个大体启示。

一个有关人类社会性和认知联系的更具体的尝试由斯特林(Sterelny, 2012)做出，他把焦点放在人类合作和包括合作抚育、合作觅食、合作交流和教导在内的很多方面上。人类的合作生活方式依赖于个体发生过程中个体获得的大量信息，包括如何追踪羚羊、如何制矛、群体的亲缘关系如何建立等一切事情，所以由成人向初学儿童进行的信息传递对个体的生存尤为重要。这样，人类建构起学习环境，在其中他们的后代得以发展，进而确保这些后代获得在执行制作工具和合作觅食这类关键生计活动时需要的信息。同样，托马塞洛(Tomasello, 1999)提供了故事的另一个版本，他把焦点尤其放在了人类认知的个体发生如何通过获得由祖先创造的物化/符号化(包括语言)人造物而成为可能。沿着大体相同的脉络，莱文森(Levinson, 2006)聚焦于人类独有的合作性社会参与中的"交互式引擎"(interactive engine)，以及它的演化如何创造出人类独有的多种交流形式。赫迪(Hrdy, 2009)则强调这里涉及的一些适应都能服务于婴儿本身。例如，使婴儿从小就可以在多层抚育这类新的复杂世界中进行判别的特殊合作技能和交流技能。

135 　　依我们的观点，这两个有关人类社会性和认知相互关系的解释都

有用，并且大体是正确的。但我们把焦点放在了思维背后涉及的具体
过程上，在细节层次上相对更为精确地描述了行为协调(合作)和意图
状态协调(合作交流)在两个演化阶段可能如何呈现于人类，以及人类
可能如何借助新形式的思维(采用新形式的认知表征、推理和自我监
控)解决它们。早期人类不仅需要记录社会关系和向他们的幼儿传递有
用信息，也额外迫切地需要借助社会协同应对面临的多种不同生存挑
战。具体来说，他们发展出了包括在合作和习俗交流中递归地概念化
他人的能力在内的多种不同共享性意图技能和动机。社会协同和人类
思维的这种分离在塞拉斯(Sellars，1962/2007，p.385)的著作中得到了
很好的描述："概念化思维不是偶然地传递给他人，如同移动一个国际
象棋棋子的决策不是随机的，它代表了棋局中两个个体的行动表达。"

所以，作为对我们解释的一般总结，让我们把焦点放在随自然史
不同阶段出现的社会性和思维的关系这一具体问题上来。主要结论或
许可以用四个一般化命题表达。

第一，与群体同伴的竞争能催生出非人灵长类社会认知和思维的
复杂形式，无须借助类似人类的社会性和交流。

基本上可以说，哺乳动物的社会性仅仅等同于群居的动机。群体
内竞争使支配(dominance)和随其他因素产生的从属(affiliation)得以产
生。类人猿，或许包括其他灵长类，都涉及更强的社会竞争，所以发
展出理解他人目标和知觉的技能，以作为灵活预测行为的一种方式。
它们尤为擅长在工具使用过程中操控物理因果性，在手势交流中操控
他人的意图状态。类人猿很少合作(实际上是一起工作)，当它们确实

136 合作时，更宜用图梅勒(Tuomela，2007)称为"'我'模式(I-mode)中的群体行为"来描述，因为在黑猩猩群体狩猎的过程中，每个个体都试图为自己捕获猎物——猴。类人猿的交流几乎都是关于以一些欲求方式指引接收者的注意和行为，而非告知接收者对它们有用的事情。因此，在它们之间并不存在联合目标和协同行动的合作交流。

类人猿的认知和思维是对这种具有社会性，但不是很具合作性的生活方式的适应。它们注意那些同自身目标和对自己有价值事物相关的情境，同时，在一些特定问题情境中，它们会在行为发生前对问题具有的多种原因的影响进行模拟和想象，以作为制定有效行为决策的一种方式。他们借助图像化和图式化的认知表征完成上述过程，理解"这只是它们中的其中一个"。他们同样理解在很多情况下不同情境之间具有怎样的因果和意图性关系，这使它们能够模拟非现实情境，并对它们做出包括构成范例的逻辑推理在内的所有类型的因果推理和意图性推理。例如，它们不仅可以推断"如果 X 在场，那么 Y 将缺席"，也可以推断"如果这边一片安静，那么 X 一定在那边"，甚至推断"如果 X 想要 Y，并知觉到它在地点 Z，那么它将会去地点 Z。"这些因果和意图性推理同样可以导致决策中的一类工具理性的出现，如个体做出的"如果情境 X 出现，那么最好的行为是选择 Y"这类推断。类人猿也可以对它们的决策进行自我监控，这不仅包括决策之前它们对结果如何匹配目标进行的监控，也包括对可用信息和自己决策信心的监控。

所以，结果就是，类人猿的社会性导致我们称为"个体意图性"这种非凡的社会认知技能的出现，以弥补那些同物理状态有关的复杂技能的不足。但是这种形式的社会性并未导致个体在一般意义上对世界进行概念化和思考问题的方式的变革。个体意图性使得类人猿（也可能包括其他非人灵长类）能够在某些具体情境中思考问题，但却不具有类似人类那种独特形式的社会性和交流。这样，个体意图性和工具理性可能服务于"敌意世界中的思维"这类一般基础问题（Sterelny，2003）。

第二，早期人类在社会协调过程中采用的新形式的合作活动和合作交流，导致不包含文化和语言在内的新形式思维的出现。

在人类踏上属于自己的演化路径的六百万年时间里，有五百多万年的时间他们的思维都同类人猿很相似（尽管制造工具的技能可能提升了他们对因果性的理解）。然而，之后生态条件发生改变，迫使一些早期人类开始采用新形式的合作获取食物，这使得他们迫切地需要彼此依赖。在这类互助活动中，交流变得具有完全合作性，因为在这种条件下，每个个体都朝着对大家有利的目标彼此协调以及告知特定角色下的他人对其有用的事情，是符合彼此利益的。所以，那些只有同社交同伴合作和合作性交流才能生存和茁壮成长的早期人类开始出现。

合作觅食创造了许多社会协调难题。对此，基本的解决方案是参与者联合承诺，同他人建立联合目标，以共同做事。这创造出双层结构：同个体角色相关的联合目标；同个体视角相关的联合注意。在被用作对应活动中协调个体视角（以及行为）的合作交流中（最开始通过指示和手势语），交流者以坦诚的告知性行动这一形式承诺合作，同时交流者和接收者合作以确保成功地交流。接收者基于同交流者具有的共同基础，借助其指示手势或想象手势语的意指物来对交流者想要交流的内容进行溯因推理。而对于交流者来说，他知道这是接收者将会做的事情，所以在对意指物的选择中会尝试概念化相关情境，递归性地预期接收者在她的立场上如何看待自己的视角，以促进接收者的溯因跨越。此外，在联合决策这种特殊背景下，早期人类交流者有时会给同伴指出相关情境，基于共同基础，他们彼此能够理解这些情境中蕴含的因果和/或意图含义，进而使得一连串行动中的理性决策成为可能。

138　　成功地完成上述任务，需要一类类人猿和它们的个体意图性尚不能胜任的思维。在这类思维中，交流者不仅必须要对同接收者具有的共同概念基础做出判断，还要对接收者眼中当前情境下的哪些方面是相关和新异的，即接受者对不同的可能指称行为做出何类溯因推理，进行判断。这也就是我们所称的"第二人"思维，它包括：

（1）视角和符号性认知表征；

（2）包含嵌套意图状态这种递归结构的推理；

（3）包含想象性社会评价和对合作和/或交流同伴理解的自我监控。所有这些改变主要服务于把类人猿的个体意图性"合作化"为一类"第二人"联合意图性和思维。

所以，早期人类的联合意图性和"第二人"思维代表了一种根本性突破、一种社会性和思维关系的新类型。早期人类的合作和递归社会性创造出一个新的适应背景，个体在这种背景下生存和成长，就需要同他人协调行动和意图状态，而这进一步需要他们"合作化"自己的认知表征、推理、自我监控以及上述成分支撑的其他思维过程。重要的是，对于探究社会性和思维关系的理论家来说，这种"第二人"思维新形式的发生不需要习俗化、文化、语言或者超越直接性的第二人社会参与之外的任何东西。

第三，现代人类的习俗化文化和语言过程，导致了思维和推理所具有的独特复杂性的产生。

由于伴随有群体竞争的群体规模的增长，现代人类面临一些新的挑战。为了生存，现代人类群体不得不以相对具有紧密联系的合作单元的形式，承担多种劳动分工角色(Wilson, 2012)。这引出了另一个问题：在没有共同基础的条件下，个体如何同群内陌生人保持协同？答案就是文化实践的习俗化：个体配合他人做某件事，同时期望他人也会同样如此(包括期望他们期望他们……这样的递归)，进一步创造出某一群体(而非其他群体)所有成员可以假定的一类文化共同基础。现代人类的交流形式也通过这样的方式习俗化，这也意味着个体在文化共同基础上从事相关活动。具体到这类文化共同基础，则包含有一类群体视角，同时涉及群体内成员都可以有效使用的习俗化语言条目和建构。

现代人类活动和互动中的群体心智(group-minded)结构，连同他们具有的交流的习俗化方式，意味着他们开始建构有关世界的一类超个人的"客观"视角。习俗交流变成完全命题性的，这不仅是因为它具有习俗化、规范化、"客观"的形式和主题焦聚结构，也由于说话者的交流动机和认知/语气态度可以通过习俗化符号被独立操控(意味着命题性内容可以独立于某一特定个体的动机和态度被概念化)。语言结构使概念联结(conceptual combination)呈现出前所未有的创造性，同时不

139

仅于此，它们还使得如同在教育学中(它这样发生作用)，代表了事件一般性的、超越时间影响的一类"客观"状态和社会规范执行(个体一定不能做那些)的全命题成为可能。于是，具有群体心智的个体建构起一个"客观"的世界。

习俗性语言交流为尚处于发展中的儿童提供了一个先验的表征系统，该系统使得不同的概念化方式成为可能，同时借助文化共同基础，群体中的个体都会知道这些等价性的概念化方式。这就开启了形式推理和语用推理的崭新世界。着眼于有效交流的话语过程鼓励交流者外显化那些之前交流形式下内隐呈现的(如意图状态、逻辑操作)个体心理过程的许多方面，进一步使得新形式的反思性思维成为可能。除此之外，联合决策中的合作争论要求个体向争论对象外显化自己的原因和理由，以便让其信服自己所持观点的正确性。因此，为了使该过程有效，他们不得不符合群体规范预期，做出理性交谈。内化这个理由给予的过程，意味着个体现在知道，自己为什么会思考那些自己的思考(基于群体接受的原因)。这个过程在个体多种思想和命题表征间架起了概念桥梁，导致一类整体性概念网络的出现。现在，每个个体都在实践着一类规范性自我监控，其间他们如同作为自己认同群体的使者，以群体的规范标准调节自己的行为和思想。

141 所以，现代人类创造的多种形式的集体意图性(包括文化传统、规范和制度)，连同语言，催生出包括习俗表征和客观表征在内的一类中立于行动者的、"客观"的思维；那些有理由的、反思的、着眼于真实的推理过程；那些个体监控和调节自己的思维以同群体相匹配的规范性自我监控。这样，作为中立于行动者的习俗现象，文化和语言为我们提供了另一套背景，在这套背景下，一种人类社会性的新形式可以导致人类思维新形式(更具体地说，是客观-反思-规范思维)的出现。

从演化的角度来说，我们的总体观点是对梅纳德·史密斯和塞兹莫利(Maynard Smith & Szathmáry，1995)观点的延伸——通过新形式的合作，辅之以新形式交流的支持和扩展，人类创造出真正的演化意义上的新事物。进一步来看，这导致构成新形式思维的认知表征、推理和自我监控新形式的出现。人类已经经历了两次跨越，其中第二步建立在第一步的基础之上。图 5-1 总结了共享意图假设三个阶段中(包括类人猿这一零阶段)每个阶段人类思维的三个成分过程。

140

图 5-1　共享意图假设总结

第四，累积文化演化导致文化特异认知技能和思维类型冗余的产生。

在人类物种中，所有的这些联合意图性和集体意图性过程都是通用的。很可能，第一步联合意图性的演化发生在尼安德特人和现代人类还未分离的非洲，所以这一过程描述适用于两个物种。第二步集体意图性的演化更可能发生于十万年前现代人类的一个群体从非洲走向世界各地之前。但是一旦他们迁出并在存在高度变异的当地生态环境中定居，文化实践的不同就开始凸显。不同的人类文化创造出成套不同的具体认知技能，如长距离定位、制造重要工具和人工产品，甚至包括语言交流。这意味着，立足于个体意图性、联合意图性和集体意图性这些种群层面(species-wide)的认知技能，服务于各自的区域性目的，不同的文化创造出很多文化特异的认知技能和思维方式。

142   重要的是，这些某一文化下的文化特异技能在历史长河中以"棘轮效应"的形式不断累加，导致累积文化演化。源于人类具有的尤为强大的文化学习技能，连同成人教育和儿童遵从的倾向，某一文化的人造物和实践就此获得了"历史"。个体通过在个体发生早期获得的文化制品和符号，调节他们和世界的互动(Vygotsky, 1978；Tomasello, 1999)，因此会从整个文化群体历史中吸取一些智慧精华。累积文化演化使得人类能够征服地球上各种不适合居住的地方。

作为当代世界中一个很引人注目的理论，我们或许要指向那些被认为是人类思维最抽象和复杂的形式，也就是那些在西方科学和数学中涉及的东西。这里的观点是，没有社会建构习俗的特殊形式，也就是那些西方发展历史过程中以文字形式遗留下的内容，思维的这些形式必然是不可能的。皮尔斯(Peirce，1931—1958)尤为强调这一点，路易斯和兰福德(Lewis & Langford，1932，p. 4)则在现代逻辑学的经典著作中进行了总结："如果不是为了适应这些新的、功能更为多样的表意符号，很多数学分支从来不会得到发展，因为没有人类心智可以以日常语言中形声字的形式抓住它们的运算实质。"很多研究文学的学者也会认为，书面语言使推理的一些特定形式成为可能，或者至少使它们的实现更为容易(Olson，1994)。书面语言也极大地促进了元语言思维，亦使分析、批判以及评估我们自己/他人的言语交流成为可能。被用作交流手段的图画和图形符号是一些集体表征，它们同样对交流过程起到了重要作用。

没有书面语言、数字和运算，以及其他形式的可视化和半永久符号，那些造就了活跃的科学家、数学家、语言学家和其他学者群体的文化将是无法想象的。同时，那些处于没有创造和目前尚未掌握上述任何一类图形符号文化下的个体，当下并不能从事此类活动。这清楚地表明，很多最为复杂和精制的人类认知过程实际上是文化建构和历史建构的集合。这同时也打开了另一种可能性：一些其他的人类认知成就是一类协同演化的混合物。我们的观点是，很多人类语言的复合物都具有这样的特性，它们建立在一般认知过程的基础上，但却具有 *143* 文化建构的实体体现(Tomasello，2008)。

理论上，我们的整个假设似乎仅适用于一类具体着眼于合作和交流的模块化思维，而非一般性的人类思维[参见斯佩贝尔(Sperber，

1994)，对该问题的一些解释]。但事情并非如此。人类独特思维的构
成成分，包括视角性和客观性表征、递归和反思性推理、规范性自我
监控，并不是在人类没有从事合作或交流活动时就不再发生作用。相
反，它们构成了除感知-运动活动之外人类所做的几乎一切事情的基
础。这样，人类会在很多情境下使用递归推理，包括在他们语言的语
法结构中、交流背景下的读心过程中、数学和音乐中(这里仅列出了最
为明显的例子)。人类针对一切事情的思维，甚至包括独自的空想，都
会使用视角性和客观性表征。无论何时(实际上是大部分时间里)，在
关心自己名声的情境下，他们都会进行规范性自我监控。我们这里可
能也会回想起关系推理技能(双水平合作的产物，伴随有更广的应用)
及想象和假装技能(打手势过程中想象的产物，目前在所有类别的艺术
创作中都使用)。合作和交流在我们的叙事中起着关键性激发作用，但
它们在认知表征、推理和自我监控上的作用则基本上延展到所有人类
概念性成分所参与的活动中。

　　沿着相同的思路，应该也很清晰，这里的解释中提出的社会认知
的新形式不仅是关于心智技能的模块论。毋宁说，这些视角性表征、
递归推理和社会性自我监控等内容的演化使得个体现在可以在共享
意图行为中一起开动脑筋，用新的方式理解这个世界。而要完成这些，
则需要比着眼于一些具体内容领域的特定认知技能更多的内容，因为
针对外界指示物同他人进行的行动和意图状态协同需要全方位的新
形式运算。因此，服务于共享意图的技能和动机不仅改变了人类思考
他人的方式，也改变了它们对整个世界的概念化方式和思维方式，以

及同他人合作过程中的自身定位。

个体发生的作用

我们这里的解释虽然以多种形式使用了个体发生学(ontogenetics)数据，但焦点并未放在人类个体发生本身。所以，下面着重指出关键的两点，以阐述个体发生对人类独特思维产生所起到的作用。

首先，尽管个体发生不必是种系发生的重演，当前的情况下联合意图性和集体意图性之间是存在部分逻辑关系的，即在同群体协同之前个体必须具有一些同其他个体协同的技能。所以从根本上说，我们假设的种系发生顺序同个体发生顺序是一样的(Tomasello & Hamann, 2012)。然而，实际情况远比这要复杂，因为如我们已经提到的，幼儿是现代人类，他们从出生开始就受到包括习俗语言在内的很多文化产物的影响。但我们可以认为，直到 3 岁左右，幼儿同他人的社会互动基本上都是"第二人"的，而非群体性的。同时他们也不能完全理解诸如语言、人造物和社会规范等内容如何作为习俗产物发生作用。

所以，依照当下的观点，顺序大约是这样的：大约 1 岁时，儿童开始以一种"第二人"定向同他人合作和进行合作性交流(虽然仅发生于同特定个体的直接互动之间)。这包括同他人进行联合注意、以简单的方式采择他人视角，以及创造性地同他人使用指示手势(Carpenter et al. , 1998；Moll & Tomasello, in press)。重要的是，这个发展时间表可以描述包括那些小规模未开化社会(Callaghan et al. , 2011)在内的很多文化背景中的儿童，但却不能描述即使是人类养育的黑猩猩的个体发生(Tomasello & Carpenter, 2005; Wobber et al., in press①)。这些事实暗示，第一个出现的联合意图性技能具有高度专化和物种特殊性的发展路径。

三岁左右，集体意图性技能开始出现。这也是幼儿首次开始把社会规范和其他习俗现象理解为某些类别的集体协议的产物。因此，三岁左右，幼儿不仅遵循社会规范，也开始积极地要求他人践行这些社会规范(包括自己打破规范时的愧疚)。他们完成上述过程的方式，彰显出其已经理解了特定规范仅适用于特定场景和群体内已被习俗化的个体。他们同样明白，一些语言，如普通名词，是被群体内所有个体都习俗化了的；而专有人名，则是被知道这个人的那些个体所习俗化了的(Schmidt & Tomasello, 2012)。在西方中产阶级文化背景之外，集体意图性技能并未得到深入研究，所以这种发展时序是否具有跨文化普遍性仍然不得而知。

个体发生起到的第二个作用是：没有它，联合意图性和集体意图性都不会存在。对于很多人类特质来说同样如此，因为人类已经演化出了延长的个体发生过程，以服务于那些其他物种出生时开始形成、成熟或接近成熟时掌握的所有类型的事情。所以，很多小型哺乳类的

---

① 现已发表。Wobber, V., Herrmann, E., Hare, B., Wrangham, R., & Tomasello, M. (2014). Differences in the early cognitive development of children and great apes. *Developmental psychobiology*, 56(3), 547-573. 作者名字顺序与论文名称同书中文后所列参考文献相比，都存在些许变动，脚注中内容为经本论文作者托马塞洛确认后的参考文献。——译者注

脑，在出生后的第一个月就迅速发展，一年之内成熟，黑猩猩的脑也仅需五年左右的时间就能发展成熟，人类的大脑却需要超过十年的时间才能发育成如成人一样的大小(Coqueugniot et al. , 2004)。因为这种延长的个体发生对幼儿和母亲来说都是高风险的，所以必然伴随着补偿优势，想必这特别体现在灵活的行为组织、认知和决策方面，亦体现在对当地的群体文化产物、符号和实践的掌握时间上(Bruner, 1972)。

　　人类的联合意图性和集体意图性技能在延长的个体发生期间出现，期间儿童和她发展中的大脑不断地同环境，尤其是同社会环境发生互动。我们假设，没有这种互动，相应的发展将不会存在。为了尽可能具体地阐明观点，让我们来做一个之前已经使用过的思想实验，之后再做一深化拓展。想象一个出生在荒无人烟的小岛上的儿童，奇迹般地生存下来并一直健康地存活到成年，然而其间一直是一个人。这里的假设是，这一个体成年之后，将不会具有联合意图性或集体意图性技能。社会隔离环境下发展的这一成人将不能融入人类群体，像一般人那样以同其他个体角色形成联合目标来进行合作，抑或在需要同个体视角形成联合注意的情境中进行合作性交流。所以，该个体在他隔绝的一生里，将不能发展出具有视角和符号表征、递归推理和社会性自我监控的"第二人"思维。他如何能在事实上没有体验过他人视角的条件下发展出对与自己不同的视角的理解呢？又如何在没有可以交流的社会伙伴的条件下发展出社会递归推理，抑或没有他人存在的条件下担心他人眼中的自己呢？不，共享意图技能不是简单地生来就有，也不是发展成熟的，它们是生物适应的结果，需要个体发生过程中同

146

他人合作和交流时不断使用才能产生。

鉴于这个孩子独自生活在荒岛，我们可以把该思想实验命名为"鲁滨逊漂流记"（小说名）。但现在请想象一个"苍蝇王"（小说名）场景，在这种情况下，很多孩子出生并成熟于一个荒岛之上，除了彼此没有其他人可以互动。或许有些惊讶，但我们这里的假设是，这种情况下这些儿童具有发展联合意图性所必需的一类社会互动，而不具有支撑集体意图性的社会互动。也就是说，通过彼此的社会互动，这些孤儿同辈个体应该可以发展出"第二人"、递归的社会性技能。他们将找到一些方法，以便同他人进行伴有联合目标和联合注意的合作；采用不同的视角彼此交流（通过指示和手势语）；通过彼此依赖的同伴的眼睛监控自己的行为。以这种形式发展，复杂成年人及他们所有的文化装备的存在都不是必需的。

但我们并不认为，仅靠同辈互动，这些孤儿就可以在他们的生命中发展出集体意图性。他们可能自行发展出那些联合意图性和模仿技能或许就足以支撑的某些类别的习俗和规范，或许也能通过多代的积累创造出类似文化的事物，但他们的生命中将不会发展出完整的集体意图性和中立于行动者的思维，因为这些需要历史的长时间积累才能形成。同样如此的还有伴随着固定地位功能的文化建制，如酋长和货币。总之，在我们的假设中，完整发展的集体意图性技能和中立于行动者的思维，需要发展于伴随先前存在习俗、规范和制度在内的文化性集合和习俗语言的环境中。在实际上不存在先于个体社会性发展和认知发展的社会群体条件下，个体是不可能变得具有群体心智的，也不会对事物进行客观表征，以及依据社会群体的合作和交流规范调节自己的行为和推理。集体意图性技能不是天生的，抑或发育成熟的，它们是生物适应的结果，只有在一种集体创造且可传递（需要很多代）的文化环境中借助延长的个体发生才能得到发展。实际上，对个体发生过程中集体意图性技能的发展来说，此种情况下必然要依赖于成人和他们所具有的文化装备。

如果认为我们这里描述的所有认知和思维技能都是固有的，也并不违背逻辑。这主要鉴于那些"野孩子"或我们的孤儿同辈个体，在成人时一旦被发现，就可以迅速并完美地在两个水平表现出人类独特思维的成熟形式。然而，在我们看来，上述观点是很不可能的。通过与其他社会人进行合作性互动和交流性互动，人类遗传了那些被用作建构人类独特认知表征、推理形式以及自我监控的基本能力。没有相应的社会环境，这些能力就会因为不被使用而消失，如同那些出生并完全成长于黑暗当中的个体的视觉能力。

原则上，一个人可以收集到个体发生对人类独特思维出现所起作用的有关数据，但这需要他能抛弃相关道德顾虑。因为在这种情况下，个体将不得不把新出生的婴儿随机分配到不同的养育环境中。囿于很多原因，如研究中的一些儿童可能是由于某些功能不良（他们中并没有人经受过相关认知技能测试）而被父母抛弃，所以像"野孩子"维克托（Victor）和阿韦龙（Aveyron），以及其他狼孩的自然实验在此问题上的解释并不具有决定性（Candland，1995）。一些表明类人环境重要性的有趣的间接证据由那些所谓的已对人类文化有所适应的类人猿提供：当类人猿被人类在各种类人社会互动和人造物环境中养大时，它们并不会发展出更像人类的物理认知技能，但却会发展出更像人类的模仿和交流技能(Call & Tomasello, 1996；Tomasello & Call, 2004)。然而，这些发现对人类个体发生的意义并不是直接的。

148   无论如何，尽管每个人将继续对"野孩子"问题，以及多少和何种社会经验才能使人类发展出认知和思维的独特形式着迷，但在可预见的未来，这个问题将很可能继续蒙着神秘面纱。在此期间，我们的假设仍然是，像很多人类适应，针对共享意图的适应只有在丰富的特定类别社会和文化给养中才能孕育并开花结果。

/ 第六章 结 论 /

在人类思维的演化和个体发展过程中，都存在一个没有思维的阶段，之后才是有思维的阶段……我们缺乏足够的言语来描述中间的过程。

——唐纳德·戴维森，《主观性、主观间性、客观性》
(*Subjective，Intersubjective，Objective*)

至少从亚里士多德开始，人类就开始思考为什么自己与其他物种不同。但大部分时间里，我们都不能够做这样的比较，其中最重要的原因是，在西方文明最初的几千年里，欧洲并没有非人灵长类动物存在。亚里士多德和笛卡儿很容易断言"只有人类能够推理"或"只有人类有自由意志"，因为他们只将人类与鸟类、老鼠、各种饲养动物和极少的狐狸或狼进行比较。

在 19 世纪，包括类人猿在内的非人灵长类动物，通过新兴的动物园进入欧洲。1838 年，达尔文在伦敦动物园见到名叫詹妮的猩猩时目瞪口呆(维多利亚女皇称之为"不友善的人类")。21 年后，《物种起源》

(*Origin of Species*)出版；又 12 年后，《人类起源》(*Descent of Man*)出版。但人类与其他物种之间的差异(现在与人类的近亲物种比较)变得越来越难以精确描述。很多哲学家试图通过简单定义来解决问题：思维在且只在语言存在时出现。因此，从定义上看，其他物种就不能够进行思维[最突出的先驱是戴维森(Davidson，2001)和布兰顿(Brandom，1994)]。近期关于类人猿认知和思维的研究，正如我们阐述的那样，已经侵蚀这种"极端不连续"的观点。类人猿以抽象的形式认知表征这个世界，他们能够使用逻辑结构进行复杂的因果和意图推理，并且他们似乎也能够在某种程度上知道自己正在做什么。尽管这可能并不是人类思维的全部，但类人猿也具有思维的一些关键成分。

150

　　问题不仅仅是找到思维的界限。问题在于现今生存的类人猿，与人类相去甚远，这只是谁生存了下来的问题。那么，如果我们发现在遥远的丛林里存在着*海德堡人*或*尼安德特人*呢？我们应该如何判断他们是否具有完整的人类思维，他们的思维能力是处于同时代的人类和类人猿之间的吗？更激进点说，如果我们在人类演化树上发现较早的分支，他们是否拥有自己做事和思考的方法，并且与现代人类的思维方式只有部分的重合？也许这些生物从来没有发展出指示行为，也从来没有演化出递归推理的能力。也许他们能够进行合作，但却从不关心他人的评价，所以也就没有发展出社会规范。也许他们从没有面对过需要进行群体决策的情境，所以也从未向他人陈述支持自己主张的理由。我们的问题是如果这些生物的思维中缺失了一个关键要素，那么他们的思维方式是什么样的呢？结论可能是，他们与现代人类的思维方式具有一些共同的特征，同时也具有自己独特的特点。关键在于，这意味着从演化的角度上看，人类的思维并非是整体式的(monolith)，而是混合式的(motley)——它可以变成不同的样子。

在现在自然历史中，我们所做的就是在当代采集狩猎人的一些生活方式和年幼儿童的一些思维方式的基础上(加上少量未达成共识的有关古人类的事实)，想象出在思维演化过程中处于类人猿和现代人类之间的一种可能的"过渡动物"(missing link)。尽管能够想象这种中间步骤并不意味着它就一定存在，但我们的这种做法却是必要的。因为我们不能够想象在没有演化中间过程的情况下，如何从类人猿那样竞争性的互动和命令式的交流方式直接转变为现代人类的文化和语言。人类的文化和语言是对现存社会交互的习俗化，为了提供适宜的原始素材，就需要这些互动是高度合作的。考虑我们的两条历史轨迹，如果没有一些现存且合作的社会基础(正如米德和维特根斯坦等社会基础理论家所描绘的)，我们就不能够达到文化和语言这个阶段(正如维果茨基等文化理论家所倡导的)。由此就需要我们的这个中间过程为文化和语言的演化以及人类思维的构建提供路径，我们也会很高兴我们建立的中间过程将来被打破而出现多样的中间过程。这个中间过程并没有解决戴维森(Davidson, 1982)提出的理论词汇的问题，即从"没有思想"到"思想"的跨度，但它却显著缩短了二者之间需要跨越的距离。

无论中间存在多少过程，我们的假设是，要理解人类思维的独特性，我们必须要将它放置于演化背景下。维特根斯坦(Wittgenstein, 1955, no. 132)提出了关于语言的观点，"那些困扰我们的问题之所以会出现，是因为那时语言就像一个空转的引擎。当它运作起来的时候，就不会出现困惑了"。似乎哲学家指出的很多关于人类思维的问题，只会出现在我们试图抽象地理解这个概念的时候，而脱离了它在解决适应问题上的功能。这在当今世界中很有可能发生，因为有很多当代思维在某种程度上都是"空转"。但是，从演化上讲人类的独特思维几乎是必定被选择的，这是因为它在组织和调整适应行为上起了作用。所以要完全理解人类思维，就需要先定义相关的问题。如果来自外太空的生物遇到了一件没有在运行的复杂人造物(如交通信号灯)，他们会对它进行切割并一直分析它的结构，还不理解为什么它会以这样的方式运行。只有电线和灯本身时，我们永远不会发现(即便是借助 fMRI 的帮助)，为什么只有在路一边的绿灯亮起的时候，另一边的红灯才会亮起。为了理解这些反应，我们首先需要理解交通以及为了解决交通带来的特定问题怎样设计了信号灯。在生物结构的例子中(这是演化心理学的一门核心课程)存在这样的可能，即在较早时候是为某一系列的功能演化，而现在则服务于不同的功能。无论如何，现在的建议是要

152 理解当代人类的思维，我们必须理解在人类谋生方式变得越来越合作时，为了应对早期和现代的特定演化挑战，人类思维是如何演化的。

　　很确定的是，演化史中的一些部分未被完整地了解。主要的问题是合作、交流和思维并没有石化，因此，我们通常置身于对这类行为现象的推断中，也包括对影响其演化的特定事件进行思考。更重要的是，由于并没有对应年代的相关化石，我们并不知道当代的类人猿与他们和人类共同的祖先相比经历了哪些改变。此外，我们提出的早期

人类经历的中间过程，很可能不只是本书中描述的逐渐演化的过程。事实上，我们甚至不清楚海德堡人是不是一个独立的物种。我们仅仅粗略地考虑了农业化后的人类，而所有思维复杂性的源泉都是文化群体的融合、读写能力和计算能力、科学和政府之类的机构等。因此，我们的尝试不是针对明确的历史经验，而是尝试雕刻历史中最重要节点的形态，尤其是演化中最重要的节点。

于是就出现了很多开放性的问题。其中存在两个最重要的问题。第一个问题是联合性或合作性或"我们感"(we-ness)的本质是描绘了所有形式的*共享意图性*的特征。很多理论学家认同一个类似不可归纳的论点(如 Gallotti, 2012)，其中像联合注意和共享习俗等都是不可简化的社会现象，而尝试从个体层面考察它们并弄清在个体大脑中发生了什么，都是注定失败的。我们的观点是，现在共享意图性确实是一种不可简化的社会现象，如联合注意只在两个或以上个体进行互动时出现。但与此同时，我们可以问一些演化或发展问题，个体为这个互动带来了什么使得他们能够参与到联合注意中，而其他类人猿和年幼儿童则不能这么做。于是，对我们来说，这意味着类似递归的心理理解或推理(并没有充分了解其特点，但大多数情况下得到了充分的暗示)正是共享意图性的一部分。从个体的视角看，共享意图性只是一种分享，但是它背后的结构却反映了它的演化过程，即每一名参与互动的个体能够至少在一些层次上，以他人的视角理解他人的观点。但是，正如他们所说，这正是有些人可能反对的地方。

第二个开放性问题是，现代人类如何具体化、客观化那些本质上 *153*

是社会创造的实体，为什么要这么做。金钱不仅仅是一张纸，也是法定货币；奥巴马也不仅仅是生活在白宫里的一个人，也是总统——因为我们的行为和言论就像它们是这些东西一样。我们同样将道德进行了具体化，并不是争论不同群体或人类群体共有的道德规范，而是争论"正确"或"错误"的处理事情的方法，其中对和错是这个世界的客观特性。这种倾向不会比语言更强烈，每个人都有这样一种倾向，具体化那些能够在自己的自然语言中编码的概念；这种倾向是可以被校正的，但需要努力才能够做到。对于所有这些事情，我们就和年幼的儿童一样，即便是在很早以前每个人都认同将我们面前的条纹状猫科动物称为"gazzer"，但这可能是不正确的，因为"这是一只老虎"。我们的观点是，这种具体化的倾向，只能源于无主题、群体心理的视角，能够从我们任何一个人、从任何一个相关人士的角度、从任何一个角度想问题，是在社会和制度现实的背景下比我们更早出现的存在，并与比我们强大的权威对话。这是使用通用语言表达背后的权威性声音，强调规范（"这是错的"）和教育（"它是这样工作的"），它在很大程度上确定了我们认为是真实的东西。但是，这也是人们可能不认同的地方。

除了这些存在争议的问题和其他问题，我们不能够构想出任何能够被理解的理论，来解释人类独特思维非社会化本质特性的起源。更确切地说，我们并没有说人类思维的各方各面都是社会化的，只有物种特有的方面是这样。经验主义的现实告诉我们，类人猿和人类的社会互动和组织存在很大的差异，人类会更加合作。这与区分类人猿和人类的认知及思维的巨大差异有关，尤其当我们关注细节的时候。非社会理论会怎样解释文化制度(cultural institution)、自然语言中的观点和习俗概念、递归和因果推理、客观的视角、社会规范和规范化的自我管理等? 这些完全都是协同现象,并且我们认为它们是从一些社会根源演化出来的。因此,共享意图性假说应该是成立的 。

/ 参考文献 /

Alvard, M. 2012. Human sociality. In J. Mitani, ed. , *The evolution of primate societies* . Chicago: University of Chicago Press, 585-604.

Bakhtin, M. M. 1981. The dialogic imagination (trans. C. Emerson and M. Holquist). In M. Holquist, ed. , *Four essays* . Austin: University of Texas Press.

Barsalou, L. W. 1983. Ad hoc categories. *Memory and Cognition* , 11, 211-227.

———. 1999. Perceptual symbol systems. *Behavioral and Brain Sciences* , 22, 577-609.

———. 2005. Continuity of the conceptual system across species. *Trends in Cognitive Sciences* , 9, 309-311.

———. 2008. Grounded cognition. *Annual Review of Psychology* , 59, 617-645.

Behne, T. , M. Carpenter, and M. Tomasello. 2005. One-year-olds comprehend the communicative intentions behind gestures in a hiding game. *Developmental Science*, 8, 492-499.

Behne, T., U. Liszkowski, M. Carpenter, and M. Tomasello. 2012. Twelve-month-olds' comprehension and production of pointing. *British Journal of Developmental Psychology*, 30(3), 359-375.

Bennett, M., and F. Sani. 2008. Children's subjective identification with social groups: A self-stereotyping approach. *Developmental Science*, 11, 69-78.

Bermudez, J. 2003. *Thinking without words*. New York: Oxford University Press.

Bickerton, D. 2009. *Adam's tongue*. New York: Hill and Wang.

Boehm, C. 2012. *Moral origins*. New York: Basic Books.

Boesch, C. 2005. Joint cooperative hunting among wild chimpanzees: Taking natural observations seriously. *Behavioral and Brain Sciences*, 28, 692-693.

Boesch, C., and H. Boesch. 1989. Hunting behavior of wild chimpanzees in the Tai: National Park. *American Journal of Physical Anthropology*, 78, 547-573.

Brandom, R. 1994. *Making it explicit: Reasoning, representing, and discursive commitment*. Cambridge, MA: Harvard University Press.

———. 2009. *Reason in philosophy: Animating ideas*. Cambridge, MA: Harvard University Press.

Bratman, M. 1992. Shared cooperative activity. *Philosophical Re-*

view, 101(2), 327-341.

Brownell, C. A., and M. S. Carriger. 1990. Changes in cooperation and self-other differentiation during the second year. *Child Development*, 61, 1164-1174.

Bruner, J. 1972. The nature and uses of immaturity. *American Psychologist*, 27, 687-708.

Bullinger, A., A. Melis, and M. Tomasello. 2011a. Chimpanzees prefer individual over cooperative strategies toward goals. *Animal Behaviour*, 82. 1135-1141.

———. 2013. Bonobos, *Pan paniscus*, chimpanzees, *Pan troglodytes*, and marmosets, *Callithrix jaccbus*, prefer to feed alone. *Animal Behavior*, 85, 51-60.

Bullinger, A., E. Wyman, A. Melis, and M. Tomasello. 2011b, Chimpanzees coordinate in a stag hunt game. *International Journal of Primatology*, 32, 1296-1310.

Bullinger, A., F. Zimmerman, J. Kaminski and M. Tomasello. 2011c. Different social motives in the gestural communication of chimpanzees and human children. *Developmental Science*, 14, 58-68.

Buttelmann, D., M. Carpenter, J. Call, and M. Tomasello. 2007. Enculturated apes imitate rationally. *Developmental Science*, 10, 31-38.

Buttelmann, D., M. Carpenter, and M. Tomasello. 2009. Eighteen-month-old infants show false belief understanding in an active helping paradigm. *Cognition*, 112(2), 337-342.

Call, J. 2001. Object permanence in orangutans (*Pongo pygmaeus*), chimpanzees (*Pan troglodytes*), and children (*Homo sapiens*). *Journal of Comparative Psychology*, 115, 159-171.

——. 2004. Inferences about the location of food in the great apes. *Journal of Comparative Psychology*, 118(2), 232-241.

——. 2006. Descartes' two errors: Reasoning and reflection from a comparative perspective. In S. Hurley and M. Nudds, eds., *Rational animals*. Oxford: Oxford University Press, 219-34.

——. 2010. Do apes know that they can be wrong? *Animal Cognition*, 13, 689-700.

Call, J., and M. Tomasello. 1996. The effect of humans on the cognitive development of apes. In A. E. Russon, K. A. Bard, and S. T. Parker, eds., *Reaching into thought*. New York: Cambridge University Press, 371-403.

——. 2005. What chimpanzees know about seeing, revisited: An explanation of the third kind. In N. Eilan, C. Hoerl, T. McCormack, and J. Roessler, eds., *Joint attention: Communication and other minds*. Oxford: Oxford University Press, 45-64.

——. 2007. *The gestural communication of apes and monkeys*. Mahwah, NJ: Lawrence Erlbaum.

——. 2008. Does the chimpanzee have a theory of mind: 30 years later. *Trends in Cognitive Science*, 12, 87-92.

Callaghan, T., H. Moll, H. Rakozcy, T. Behne, U. Liszkowski, and M. Tomasello. 2011. *Early social cognition in three cultural contexts*. Monographs of the Society for Research in Child Development 76(2). Boston: Wiley-Blackwell.

Candland, D. K. 1995. *Feral children and clever animals: Reflections on human nature*. Oxford: Oxford University Press.

Carey, S. 2009. *The origin of concepts*. New York: Oxford University Press.

Carpenter, M., K. Nagel, and M. Tomasello. 1998. *Social cognition, joint attention, and communicative competence from 9 to 15 months of age*. Monographs of the Society for Research in Child Development 63 (4). Chicago: University of Chicago Press.

Carpenter, M., M. Tomasello, and T. Striano. 2005. Role reversal imitation in 12 and 18 month olds and children with autism. *Infancy*, 8, 253-278.

Carruthers, P. 2006. *The architecture of the mind*. Oxford: Oxford University Press.

Carruthers, P., and M. Ritchie. 2012. The emergence of metacognition: Affect and uncertainty in animals. In M. Beran et al., eds., *Founda-

tions of metacognition. New York: Oxford University Press, 37-211.

Chapais, B. 2008. *Primeval kinship: How pair-bonding gave birth to human society*. Cambridge, MA: Harvard University Press.

Chase, P. 2006. *The emergence of culture*. New York: Springer.

Chwe, M. S.-Y. 2003. *Rational ritual: Culture, coordination and common knowledge*. Princeton, NJ: Princeton University Press.

Clark, H. 1996. *Uses of language*. Cambridge: Cambridge University Press.

Collingwood, R. 1946. *The idea of history*. Oxford: Clarendon Press.

Coqueugniot, H., J.-J. Hublin, F. Veillon, F. Houet, and T. Jacob. 2004. Early brain growth in Homo erectus and implications for cognitive ability. *Nature*, 231, 299-302.

Corbalis, M. 2011. *The recursive mind. Princeton*, NJ: Princeton University Press.

Crane, T. 2003. *The mechanical mind: A philosophical introduction to minds, machines and mental representation*. 2nd ed. New York: Routledge.

Crockford, C., R. M. Wittig, R. Mundry, and K. Zuberbuehler. 2011. Wild chimpanzees inform ignorant group members of danger. *Current Biology*, 22, 142-146.

Croft, W. 2001. *Radical construction grammar*. Oxford: Oxford University Press.

Csibra, G. , and G. Gergely. 2009. Natural pedagogy. *Trends in Cognitive Sciences*, 13, 148-153.

Custance, D. M. , A. Whiten, and K. A. Bard. 1995. Can young chimpanzees imitate arbitrary actions? Hayes and Hayes (1952) revisited. *Behaviour*, 132, 839-858.

Darwall, S. 2006. *The second-person standpoint: Respect, morality, and accountability*. Cambridge, MA: Harvard University Press.

Darwin, C. 1859. *The origin of species*. London: John Murray.

——. 1871. *The descent of man*. London: John Murray.

Davidson, D. 1982. Rational Animals. *Dialectica*, 36, 317-327.

——. 2001. *Subjective, intersubjective, objective*. Oxford: Clarendon Press.

Dean, L. G. , R. L. Kendal, S. J. Schapiro, B. Thierry, and K. N. Laland. 2012. Identification of the social and cognitive processes underlying human cumulative culture. *Science*, 335, 1114-1118.

Dennett, D. 1995. *Darwin's dangerous ideas*. New York: Simon and Schuster.

de Waal, F. B. M. 1999. Anthropomorphism and anthropodenial: Consistency in our thinking about humans and other animals. *Philosophical Topics*, 27, 255-280.

Diesendruck, G. , N. Carmel, and L. Markson. 2010. Children's sensitivity to the conventionality of sources. *Child Development*, 81, 652-668.

Diessel, H., and M. Tomasello. 2001. The acquisition of finite complement clauses in English: A usage based approach to the development of grammatical constructions. *Cognitive Linguistics*, 12, 97-141.

Donald, M. 1991. *Origins of the modern mind*. Cambridge, MA: Harvard University Press.

Dunbar, R. 1998. The social brain hypothesis. *Evolutionary Anthropology*, 6, 178-190.

Engelmann, J., E. Herrmann, and M. Tomasello. 2012. Five-year olds, but not chimpanzees, attempt to manage their reputations. *PLoS ONE*, 7(10), e48433.

Engelmann, J., H. Over, E. Herrmann, and M. Tomasello. In press. Young children care more about their reputations with ingroup than with outgroup members. *Developmental Science*.

Evans, G. 1982. The varieties of reference. In J. McDowell, ed., *The varieties of reference*. Oxford: Oxford University Press, 73-100.

Fletcher, G., F. Warneken, and M. Tomasello. 2012. Differences in cognitive processes underlying the collaborative activities of children and chimpanzees. *Cognitive Development*, 27, 136-153.

Fragaszy, D., P. Izar, and E. Visalberghi. 2004. Wild capuchin monkeys use anvils and stone pounding tools. *American Journal of Primatology*, 64, 359-366.

Gallotti, M. 2012. A naturalistic argument for the irreducibility of collective intentionality. *Philosophy of the Social Sciences*, 42(1), 3-30.

Geertz, C. 1973. *The interpretation of cultures*. New York: Basic Books.

Gentner, D. 2003. Why we're so smart. In D. Gentner and S. Goldin-Meadow, eds. , *Language in mind*. : *Advances in the study of language and thought*. Cambridge, MA: The MIT Press, 195-235.

Gergely, G. , H. Bekkering, and I. Király. 2002. Rational imitation in preverbal infants, Nature, 415, 755.

Gigerenzer, G. , and R. Selton. 2001. *Bounded rationality: the adaptive toolbox*. Cambridge, MA: The MIT Press.

Gilbert, M. 1983. Notes on the concept of social convention. New Literary History, 14, 225-251.

——. 1989. *On social facts*. London: Routledge.

——. 1990. Walking together: A paradigmatic social phenomenon. *Midwest Studies in Philosophy*, 15, 1-14.

Gilby, I. C. 2006. Meat sharing among the Gombe chimpanzees: Harassment and reciprocal exchange. *Animal Behaviour*, 71(4), 953-963.

Givón, T. 1995. *Functionalism and grammar*. Amsterdam: J. Benjamins.

Goeckeritz, S. , M. Schmidt, and M. Tomasello. Unpublished manuscript. How children make up and enforce their own rules.

Goldberg, A. 1995. Constructions: *A construction grammar approach to argument structure*. Chicago: University of Chicago Press.

——. 2006. *Constructions at work*. Oxford: Oxford University Press.

Goldin-Meadow, S. 2003. *The resilience of language: What gesture creation in deaf children can tell us about how all children learn language*. New York: Psychology Press.

Gomez, J. C. 2007. Pointing behaviors in apes and human infants: A balanced perspective. *Child Development*, 78, 729-734.

Gowlett, J., C. Gamble, and R. Dunbar. 2012. Human evolution and the archaeology of the social brain. *Current Anthropology*, 53, 693-722.

Gräfenhain, M., T. Behne, M. Carpenter, and M. Tomasello. 2009. Young children's understanding of joint commitments. *Developmental Psychology*, 45, 1430-1443.

Greenberg, J. R., K. Hamann, F. Warneken, and M. Tomasello. 2010. Chimpanzee helping in collaborative and non-collaborative contexts. *Animal Behaviour*, 80, 873-880.

Greenfield, P. M., and E. S. Savage-Rumbaugh. 1990. Grammatical combination in *Pan paniscus*: Processes of learning and invention in the evolution and development of language. In S. T. Parker and K. R. Gibson, eds., *"Language" and intelligence in monkeys and apes*. Cambridge: Cambridge University Press, 540-578.

——. 1991. Imitation, grammatical development, and the invention of protogrammar by an ape. In N. A. Krasnegor, D. M. Rumbaugh, R. L.

Schiefelbusch, and M. Studdert-Kennedy, eds. , *Biological and behavioral determinants of language development*. Hillsdale, NJ: Lawrence Erlbaum, 235-258.

Grice, H. P. 1957. Meaning. *Philosophical Review*, 66, 377-388.

——. 1975. Logic and conversation. In P. Cole and J. Morgan, eds. , *Syntax and semantics*, Vol. 3. New York: Academic Press, 41-58.

Gundel, J. , N. Hedberg, and R. Zacharski. 1993. Cognitive status and the form of referring expressions in discourse. *Language*, 69, 274-307.

Haidt, J. 2012. *The righteous mind*. New York: Pantheon.

Hamann, K. , F. Warneken, J. Greenberg, and M. Tomasello. 2011. Collaboration encourages equal sharing in children but not chimpanzees. *Nature*, 476, 328-331.

Hamann, K. , F. Warneken, and M. Tomasello. 2012. Children's developing commitments to joint goals. *Child Development*, 83 (1), 137-145.

Hampton, R. R. 2001. Rhesus monkeys know when they remember. *Proceedings of the National Academy of Sciences of the United States of America*, 98(9), 5359-5362.

Hare, B. 2001. Can competitive paradigms increase the validity of experiments on primate social cognition. *Animal Cognition*, 4, 269-280.

Hare, B. , and M. Tomasello. 2004. Chimpanzees are more skillful in competitive than in cooperative cognitive tasks. *Animal Behaviour*, 68,

571-581.

Hare, B., J. Call, B. Agnetta, and M. Tomasello. 2000. Chimpanzees know what conspecifics do and do not see. *Animal Behaviour*, 59, 771-785.

Hare, B., J. Call, and M. Tomasello. zoot. Do chimpanzees know what conspecifics know? *Animal Behaviour*, 61(1), 139-151.

———. 2006. Chimpanzees deceive a human by hiding. *Cognition*, 101, 495-514.

Harris, P. 1991. The work of the imagination. In A. Whiten, ed., *Natural theories of mind*. Oxford: Blackwell, 283-304.

Haun, D. B. M., and J. Call. 2008. Imitation recognition in great apes. *Current Biology*, 18(7), 288-290.

Haun, D. B. M., and M. Tomasello. 2011. Conformity to peer pressure in preschool children. *Child Development*, 82, 1759-1767.

Hawkes, K. 2003. Grandmothers and the evolution of human longevity. *American Journal of Human Biology*, 15, 380-400.

Hegel, G. W. F. 1807. Phänomenologie des Geistes. Bamberg: J. A. Goebhardt. Herrmann, E., and M. Tomasello. 2012. Human cultural cognition. In J. Mitani, ed., *The evolution of primate societies*. Chicago: University Chicago Press, 701-14.

Herrmann, E., A. Melis, and M. Tomasello. 2006. Apes' use of iconic cues in the object choice task. *Animal Cognition*, 9, 118-130.

Herrmann, E. , A. Misch, and M. Tomasello. Submitted. Uniquely human self-control begins at school age.

Herrmann, E. , J. Call, M. Lloreda, B. Hare, and M. Tomasello. 2007. Humans have evolved specialized skills of social cognition: The cultural intelligence hypothesis. *Science*, 317, 1360-1366.

Herrmann, E. , M. V. Hernandez-Lloreda, J. Call, B. Hare, and M. Tomasello. 2010. The structure of individual differences in the cognitive abilities of children and chimpanzees. *Psychological Science*, 21, 102-110.

Herrmann, E. , V. Wobber, and J. Call. 2008. Great apes' (*Pan troglodytes, Pan paniscus, Gorilla gorilla, Pongo pygmaeus*) understanding of tool functional properties after limited experience. *Journal of Comparative Psychology*, 122, 220-230.

Heyes, C. M. 2005. Imitation by association. In S. Hurley and N. Chater, eds. *Perspectives on imitation: From mirror neurons to memes*. Cambridge, MA: The MIT Press, 51-76.

Hill, K. 2002. Altruistic cooperation during foraging by the Ache, and the evolved human predisposition to cooperate. *Human Nature*, 13 (1), 105-128.

Hill, K. , and A. M. Hurtado. 1996. *Ache life history: The ecology and demography of a foraging people*. New York: Aldine de Gruyter.

Hirata, S. 2007. Competitive and cooperative aspects of social intelligence in chimpanzees. *Japanese Journal of Animal Psychology*, 57,

29-40.

Hobson, P. 2004. *The cradle of thought: Exploring the origins of thinking*. London: Pan Books.

Hrdy, S. 2009. *Mothers and others: The evolutionary origins of mutual understanding*. Cambridge, MA: Harvard University Press.

Johnson, M. 1987. *The body in the mind*. Chicago: University of Chicago Press.

Kahneman, D. 2011. *Thinking, fast and slow*. New York: Farrar, Strauss, and Giroux.

Kaminski, J., J. Call, and M. Tomasello. 2008. Chimpanzees know what others know, but not what they believe. *Cognition*, 109, 224-234.

Karmiloff-Smith, A. 1992. *Beyond modularity: A developmental perspective on cognitive science*. Cambridge, MA: The MIT Press.

Kobayashi, H., and S. Kohshima. zoot. Unique morphology of the human eye and its adaptive meaning: Comparative studies on external morphology of the primate eye. *Journal of Human Evolution*, 40, 419-435.

Korsgaard, C. M. 2009. *Self-constitution: Agency, identity, and integrity*. New York: Oxford University Press.

Krachun, C., M. Carpenter, J. Call, and M. Tomasello. 2009. A competitive nonverbal false belief task for children and apes. *Developmental Science*, 12, 521-535.

———. 2010. A new change-of-contents false belief test: Children and chimpanzees compared. *International Journal of Comparative Psychology*, 23, 145-165.

Kuhlmeier, V. A. , S. T. Boysen, and K. L. Mukobi. 1999. Scale model comprehension by chimpanzees (*Pan troglodytes*). *Journal of Comparative Psychology*, 113, 396-402.

Kummer, H. 1972. *Primate societies: Group techniques of ecological adaptation*. Chicago: Aldine-Atherton.

Lakoff, G. , and M. Johnson. 1979. *Metaphors we live by*. Chicago: University of Chicago Press.

Langacker, R. 1987. *Foundations of cognitive grammar*, Vol. Stanford, CA: Stanford University Press.

———. 2000. A dynamic usage-based model. In M. Barlow and S. Kemmerer, eds. , *Usage-based models of language*. Stanford, CA: SLI Publications, 1-64.

Lefebvre, C. 2006. *Creole genesis and the acquisition of grammar*. Cambridge: Cambridge University Press.

Leslie, A. 1987. Pretense and representation: The origins of "theory of mind. " *Psychological Review*, 94, 412-426.

Levinson, S. C. 1995. Interactional biases in human thinking. In E. Goody, ed. , *Social intelligence and interaction*. Cambridge: Cambridge University Press, 221-260.

——. 2000. *Presumptive meanings: The theory of generalized conversational implicature*. Cambridge, MA: The MIT Press.

——. 2006. On the human interactional engine. In N. Enfield and S. Levinson, eds., *Roots of human sociality*. New York: Berg, 39-69.

Lewis, C. I., and C. H. Langford. 1932. *Symbolic logic*. London: Century.

Lewis, D. 1969. *Convention*. Cambridge, MA: Harvard University Press.

Liddell, S. 2003. *Grammar, gesture, and meaning in American Sign Language*. Cambridge: Cambridge University Press.

Liebal, K., T. Behne, M. Carpenter, and M. Tomasello. 2009. Infants use shared experience to interpret pointing gestures. *Developmental Science*, 12, 264-271.

Liebal, K., J. Call, and M. Tomasello. 2004. The use of gesture sequences by chimpanzees. *American Journal of Primatology*, 64, 377-396.

Liebal, K., M. Carpenter, and M. Tomasello. 2010. Infants' use of shared experience in declarative pointing. *Infancy,* 15(5), 545-556.

——. 2011. Young children's understanding of markedness in nonverbal communication. *Journal of Child Language*, 38, 888-903.

——. 2013. Young children's understanding of cultural common ground. *British Journal of Developmental Psychology*, 31(1), 88-96.

Liszkowski, U. , M. Carpenter, T. Striano, and M. Tomasello. 2006. 12- and 18-month-olds point to provide information for others. *Journal of Cognition and Development* , 7 , 173-187.

Liszkowski, U. , M. Carpenter, and M. Tomasello. 2008. Twelve-month-olds communicate helpfully and appropriately for knowledgeable and ignorant partners. *Cognition* , 108 , 732-739.

Liszkowski, U. , M. Schafer, M. Carpenter, and M. Tomasello. 2009. Prelinguistic infants, but not chimpanzees, communicate about absent entities. *Psychological Science* , 20 , 654-660.

MacWhinney, B. 1977. Starting points. *Language,* 53 , 152-168.

Mandler, J. M. 2012. On the spatial foundations of the conceptual system and its enrichment. *Cognitive Science* , 36 , 421-451.

Marín Manrique, H. , A. N. Gross, and J. Call. 2010. Great apes select tools on the basis of their rigidity. *Journal of Experimental Psychology: Animal Behavior Processes* , 36(4) , 409-422.

Markman, A. , and H. Stillwell. 2001. Role-governed categories. *Journal of Experimental and theoretical Artificial Intelligence* , 13, 329-358.

Maynard Smith, J. , and M. Szarhmary, 1995. *Major transitions in evolution. Oxford* : W. H. Freeman Spektrum.

Mead, G. H. 1934. *Mind, self, and society* (ed. C. W. Morris). Chicago: University of Chicago Press.

Melis, A., J. Call, and M. Tomasello. 2006a. Chimpanzees conceal visual and auditory information from others. *Journal of Comparative Psychology*, 120, 154-162.

Melis, A., B. Hare, and M. Tomasello. 2006b. Chimpanzees recruit the best collaborators. *Science*, 31, 1297-1300.

——. 2009. Chimpanzees coordinate in a negotiation game. *Evolution and Human Behavior*, 30, 381-392.

Mendes, N., H. Rakoczy, and J. Call. 2008. Ape metaphysics: Object individuation without language. *Cognition*, 106(2), 730-749.

Mercier, H., and D. Sperber. 2011. Why do humans reason? Arguments for an argumentative theory. *Behavioural and Brain Sciences*, 34(2), 57-74.

Millikan, R. G. 1987. *Language, thought, and other biological categories. New foundations for realism*. Cambridge, MA: The MIT Press.

Mitani, J., J. Call, P. Kappeler, R. Palombit, and J. Silk, eds. 2012. *the evolution of primate societies*. Chicago: University of Chicago Press.

Mithen, S. 1996. *The prehistory of the mind*. New York: Phoenix Books.

Moll, H., and M. Tomasello 2007. Cooperation and human cognition: The Vygotskian intelligence hypothesis. *Philosophical Transactions of the Royal Society of London, Series B: Biological Sciences*, 362, 639-648.

——. 2012. Three-year-olds understand appearance and reality-just not about the same object at the same time. *Developmental Psychology*, 48, 1124-1132.

——. In press. Social cognition in the second year of life. In A. Leslie and T. German, eds., *Handbook of theory of Mind*. New York: Taylor and Francis.

Moll, H., C. Koring, M. Carpenter, and M. Tomasello. 2006. Infants determine others' focus of attention by pragmatics and exclusion. *Journal of Cognition and Development*, 7, 411-430.

Moll, H., A. Meltzoff, K. Mersch, and M. Tomasello. 2013. Taking versus confronting visual perspectives in preschool children. *Developmental Psychology*, 49(4), 646-654.

Moore, R. In press. Cognizing communicative intent. *Mind and Language*.

Mulcahy, N. J., and J. Call. 2006. Apes save tools for future use. *Science*, 312, 1038-1040.

Muller, M. N., and J. C. Mitani. 2005. Conflict and cooperation in wild chimpanzees. *Advances in the Study of Behavior*, 35, 275-331.

Nagel, T. 1986. *The view from nowhere*. New York: Oxford University Press.

Okrent, M. 2007. *Rational animals: The teleological roots of intentionality*. Athens: Ohio University Press.

Olson, D. 1994. *The world on paper*. Cambridge: Cambridge University Press.

Onishi, K. H., and R. Baillargeon. 2005. Do 15-monrh-old infants understand false beliefs? *Science*, 308, 255-258.

Peirce, C. S. 1931-1958. Collected writings (ed. C. Hartshorne, P. Weiss, and A. W. Burks). 8 vols. Cambridge, MA: Harvard University Press.

Penn, D. C., K. J. Holyoak, and D. J. Povinelli. 2008. Darwin's mistake: Explaining the discontinuity between human and nonhuman minds. *Behavioral and Brain Sciences*, 31, 109-178.

Perner, J. 1991. *Understanding the representational mind*. Cambridge, MA: The MIT Press.

Piaget, J. 1928. Genetic logic and sociology. Reprinted in J. Piaget, *Sociological studies* (ed. L. Smith). New York: Routledge, 1995.

——. 1952. *The origins of intelligence in children*. New York: W. W. Norton.

——. 1971. *Biology and knowledge*. Chicago: University of Chicago Press.

Povinelli, D. 2000. *Folk physics for apes: The chimpanzee's theory of how the world works*. New York: Oxford University Press.

Povinelli, D. J., and D. O'Neill. 2000. Do chimpanzees use their gestures to instruct each other? In S. Baron-Cohen, H. Tager-Flusberg, and

D. Cohen, eds. , *Understanding other minds: Perspectives from develop-mental cognitive neuroscience*, 2nd ed. Oxford: Oxford University Press, 111-33.

Rakoczy, H. , and M. Tomasello. 2007. The ontogeny of social ontol-ogy: Steps to shared intentionality and status functions. In S. Tsohatzidis, ed. , *Intentional acts and institutional facts*. Dordrecht: Springer, 113-137.

Rakoczy, H. , F. Warneken, and M. Tomasello. 2008. The sources of normativity: Young children's awareness of the normative structure of games. *Developmental Psychology*, 44, 875-881.

Rekers, Y. , D. Haun, and M. Tomasello. 2011. Children, but not chimpanzees, prefer to forage collaboratively. *Current Biology*, 21, 1756-1758.

Richerson, P. , and R. Boyd. 2006. *Not by genes alone: How culture transformed human evolution*. Chicago: University of Chicago Press.

Riedl, K. , K. Jensen, J. Call, and M. Tomasello. 2012. No third-party punishment in chimpanzees. *Proceedings of the National Academy of Sciences of the United States of America*, 109, 14824-14829.

Rivas, E. 2005. Recent use of signs by chimpanzees (*Pan troglo-dytes*) in interactions with humans. *Journal of Comparative Psychol-ogy*, 119(4), 404-417.

Sandler, W. , I. Meir, C. Padden, and M. Aronoff. 2005. The emergence of grammar: Systematic structure in a new language. *Proceedings of the National Academy of Sciences of the United States of America*, 102(7), 2661-2665.

Saussure, F. de. 1916. *Cours de linguistique generale* (ed. Charles Bailey and Albert Sechehaye).

Schelling, T. C. 1960. *The strategy of conflict*. Cambridge, MA: Harvard University Press.

Schmelz, M., J. Call, and M. Tomasello. 2011. Chimpanzees know that others make inferences. *Proceedings of the National Academy of Sciences of the United States of America*, 108, 17284-17289.

Schmidt, M., and M. Tomasello 2012. Young children enforce social norms. *Current Directions in Psychological Science*, 21, 232-236.

Schmidt, M., H. Rakoczy, and M. Tomasello. 2012. Young children enforce social norms selectively depending on the violator's group affiliation. *Cognition*, 124, 325-333.

Schmitt, V., B. Pankau, and J. Fischer. 2012. Old World monkeys compare to apes in the Primate Cognition Test Battery. *PLoS One*, 7(4), e32024.

Searle, J. 1995. *The construction of social reality*. New York: Free Press.

——. 2001. *Rationality in action*. Cambridge, MA: The MIT Press.

Sellars, W. 1963. *Empiricism and the philosophy of mind*. London:

Routledge.

Senghas, A. , S. Kita, and A. Ozyurek. 2004. Children creating core properties of language:Evidence from an emerging sign language in Nicaragua. *Science*, 305, 1779-1782.

Shore, B. 1995. *Culture in mind: cognition, culture, and the problem of meaning*. New York:Oxford University Press.

Skyrms, B. 2004. *The stag hunt and the evolution of sociality*. Cambridge:Cambridge University Press.

Slobin, D. 1985. Crosslinguistic evidence for the language-making capacity. In D. I. Slobin, ed. , *The cross linguistic study of language acquisition*, Vol. 2: Theoretical issues. Hillsdale, NJ: Lawrence Erlbaum, 1157-1260.

Smith, J. M. , and Eörs Szathmáry. 1995. *The Major Transitions in Evolution*. Oxford, England:Oxford University Press.

Southgate, V. , C. van Maanen, and G. Csibra. 2007. Infant pointing: Communication to cooperate or communication to learn? Child Development, 78(3), 735-774.

Sperber, D. 1994. The modularity of thought and the epidemiology of representations. In L. A. Hirschfeld and S. A. Gelman, eds. , *Mapping the mind* (pp. 39-67). Cambridge:Cambridge University Press.

——. 1996, *Explaining culture: A naturalistic approach*. Oxford: Blackwell.

——. 2000. Metarepresentations in an evolutionary perspective. In Dan Sperber, ed. , *Metarepresentations: A multidisciplinary perspective*. Oxford: Oxford University Press, 219-34.

Sperber, D. , and D. Wilson. 1996. *Relevance: Communication and cognition*. 2nd ed. Oxford: Basil Blackwell.

Sperber, D. , F. Clement, C. Heintz, 0. Mascaro, H. Mercier, G. Origgi, and D. Wilson. 2010. Epistemic vigilance. *Mind and Language*, 25(4), 359-393.

Sterelny, K. 2003. *Thought in a hostile world: The evolution of human cognition*. London: Blackwell.

——. 2012. *The evolved apprentice*. Cambridge, MA: The MIT Press.

Stiner, M. C. , R. Barkai, and A. Gopher. 2009. Cooperative hunting and meat sharing 400-200 kya at Qesem Cave, Israel. *Proceedings of the National Academy of Sciences of the United States of America*, 106 (32), 13207-13212.

Talmy, L. 2003. The representation of spatial structure in spoken and signed language. In K. Emmorey, ed. , *Perspectives on classifier constructions in sign language* . Mahwah, NJ: Lawrence Erlbaum, 169-196.

Tanner, J. E. , and R. W. Byrne. 1996. Representation of action through iconic gesture in a captive lowland gorilla. *Current Anthropology*, 37, 162-173.

Tennie, C. , J. Call, and M. Tomasello. 2009. Ratcheting up the ratch-et:On the evolution of cumulative culture. *Philosophical Transactions of the Royal Society of London, Series B: Biological Sciences*, 364, 2405-2415.

Thompson, R. K. R. , D. L. Oden, and S. T. Boysen. 1997. Language-naive chimpanzees (*Pan troglodytes*) judge relations between relations in a conceptual matching-to-sample task. *Journal of Experimental Psychol-ogy:Animal Behavior Processes*, 23, 31-43.

Tomasello, M. 1992. *First verbs:A case study of early grammatical development*. Cambridge:Cambridge University Press.

——. 1995. Joint attention as social cognition. In C. Moore and P. J. Dunham, eds. , *Joint attention:Its origins and role in development*. Hills-dale, NJ:Lawrence Erlbaum, 23-47.

——. 1998. *The new psychology of language:Cognitive and func-tional approaches to language structure*, Vol. 1. Mahwah, NJ:Lawrence Erlbaum.

——. 1999. *The cultural origins of human cognition*. Cambridge, MA:Harvard University Press.

——. 2003a. *Constructing a language:A usage-based theory of lan-guage acquisition*. Cambridge, MA:Harvard University Press.

——, ed. 2003b. *The new psychology of language:Cognitive and functional approaches to language structure*, Vol. 2. Mahwah, NJ:Lawrence Erlbaum.

——. 2006. Why don't apes point? In N. J. Enfield and S. C. Levinson, eds. , *Roots of human sociality*. Oxford: Berg, 506-524.

——. 2008. *Origins of human communication*. Cambridge, MA: The MIT Press.

——. 2009. *Why we cooperate*. Cambridge, MA: The MIT Press.

——. 2011. Human culture in evolutionary perspective. In M. Gelfand, C.-y. Chiu, and Y.-y. Hong, eds. , *Advances in culture and psychology*, Vol. 1. New York: Oxford University Press, 5-51.

Tomasello, M. , and J. Call. 1997. *Primate cognition*. Oxford: Oxford University Press.

——. 2004. The role of humans in the cognitive development of apes revisited. Animal Cognition, 7, 213-215.

——. 2006. Do chimpanzees know what others see-or only what they are looking at? In S. Hurley and M. Nudds, eds. , *Rational animals*? Oxford: Oxford University Press, 371-84.

Tomasello, M. , and M. Carpenter. 2005. *The emergence of social cognition in three young chimpanzees*. Monographs of the Society for Research in Child Development 70(1). Boston: Blackwell.

Tomasello, M. and K. Haberl. 2003. Understanding attention: 12- and 18-month-olds know what's new for other persons. *Developmental Psychology*, 39, 906-912.

222 | 人类思维的自然史

Tomasello, M., and K. Hamann. 2012. Collaboration in young children. *Quarterly Journal of Experimental Psychology*, 65, 1-12.

Tomasello, M., and H. Moll. 2013. why don't apes understand false beliefs? In M. Banaji and S. Gelman, eds., *the development of social cognition*. New York: Oxford University Press.

Tomasello, M., S. Savage-Rumbaug, and A. Kruger. 1993. Imitative learning of actions on objects by children, chimpanzees and enculturated chimpanzees. *Child Development*, 64, 1688-1705.

Tomasello, M., J. Call, and A. Gluckman. 1997. The comprehension of novel communicative signs by apes and human children. *Child Development*, 68, 1067-1081.

Tomasello, M., M. Carpenter, J. Call, T. Behne, and H. Moll. 2005. Understanding and sharing intentions: The origins of cultural cognition. *Behavioral and Brain Sciences*, 28, 675-691.

Tomasello, M., M. Carpenter, and U. Lizskowski. 2007a. A new look at infant pointing. *Child Development*, 78, 705-722.

Tomasello, M., B. Hare, H. Lehmann, and J. Call. 2007b. Reliance on head versus eyes in the gaze following of great apes and human infants: The cooperative eye hypothesis. *Journal of Human Evolution*, 52, 314-320.

Tomasello, M., A. Melis, C. Tennie, and E. Herrmann. 2012. Two key steps in the evolution of human cooperation: The interdependence hypothesis. *Current Anthropology*, 56, 1-20.

Tooby, J. , and L. Cosmides. 1989. Evolutionary psychology and the generation of culture, part I. *Ethology and Sociobiology*, 10, 29-49.

——. 2013. Evolutionary psychology. Annual Review of Psychology, 64, 201-229. Tuomela, R. 2007. *The philosophy of sociality: the shared point of view*. Oxford: Oxford University Press.

van Schaik, C. P. , M. Ancrenaz, G. Borgen, B. Galdikas, C. D. Knott, I. Singleton, A. Suzuki, S. S. Utami, and M. Merrill. 2003. Orangutan cultures and the evolution of material culture. *Science*, 299, 102-105.

von Uexküll, J. 1921. *Umwelt und innenwelt der tiere*. Berlin: Springer.

Vygotsky, L. 1978. *Mind in society: The development of higher psychological processes* (ed. M. Cole). Cambridge, MA: Harvard University Press.

Warneken, F. , and M. Tomasello. 2009. Varieties of altruism in children and chimpanzees. *Trends in Cognitive Science*, 13, 397-402.

Warneken, F. , F. Chen, and M. Tomasello. 2006. Cooperative activities in young children and chimpanzees. *Child Development*, 77, 640-663.

Warneken, F. , B. Hare, A. Melis, D. Hanus, and M. Tomasello. 2007. Spontaneous altruism by chimpanzees and young children. *PLoS Biology*, 5(7), 414-420.

Warneken, F. , M. Grafenhain, and M. Tomasello. 2012. Collaborative partner or social tool? New evidence for young children's understanding of shared intentions in collaborative activities. *Developmental Science*, 15 (1), 54 -61.

Watts, D., and J. C. Mitani. 2002. Hunting behavior of chimpanzees at Ngogo, Kibale National Park, Uganda. *International journal of Primatology*, 23, 1-28.

Whiten, A. 2010. A coming of age for cultural panthropology. In E. Lonsdorf, S. Ross, and T. Matsuzawa, eds., *The mind of the chimpanzee*. Chicago: Chicago University Press, 87-100.

Whiten, A., and R. W. Byrne. 1988. *Machiavellian intelligence: Social expertise and the evolution of intellect in monkeys, apes and humans*. New York: Oxford University Press.

Whiten, A., J. Goodall, W. C. McGrew, T. Nishida, V. Reynolds, Y. Sugiyama, C. E. G. Tutin, R. Wrangham, and C. Boesch. 1999. Cultures in chimpanzees. *Nature*, 399, 682-685.

Wilson, E. O. 2012. *The social conquest of earth*. New York: Liveright.

Wittgenstein, L. 1955. *Philosophical investigations*. Oxford: Basil Blackwell.

Wobber, V., B. Hare, E. Herrmann, R. Wrangham, and M. Tomasello. In press. The evolution of cognitive development in *Homo and Pan*. *Developmental Psychobiology*.

Wyman, E. , H. Rakoczy, and M. Tomasello. 2009. Normativity and context in young children's pretend play. *Cognitive Development*, 24(2), 146-155.

译者后记

　　2015 年 3 月 16 日北京师范大学出版社学术著作编辑关雪菁电邮给我，提到手头有一本新签版权的选题，是在德国莱比锡马普研究所工作的美国著名心理学家迈克尔·托马塞洛（Michael Tomasello）2014 年的作品《人类思维的自然史》（*A Natural History of Human Thinking*）。这本著作较为详细地分析了人类的社会性和认知之间的联系。关雪菁编辑在电邮中的介绍是"自从达尔文开始，思想家们还难以从根本上找出人类与其他动物的本质差异所在。托马塞洛汇集他超过二十年的人类和类人猿的比较研究研究指出，合作社会互动是我们认知独特性的关键。一旦我们的祖先学会与他人一起追求共同的目标，人类便找到了属于自己的进化之路。"同时还介绍了另外一本小书《我们为什么要合作》（*Why We Cooperate*），和这本书的主题有很多联系。

　　由于这些工作涉及我教学和研究的领域，如发展心理学、比较心理学等，因此，他们希望我来承担上述作品的翻译工作。

　　尽管我一再跟自己说，不要再接写书、译书的工作了，但因为是托马塞洛教授的书，我还是动心了，因为我是他的忠实粉丝。

　　我们的实验室都是比较与发展心理学实验室，虽然我们比较的物种不完全相同，但研究的兴趣点很是契合。在 2008 年 7 月 20 日到 7 月 25 日赴德国柏林参加第 29 届国际心理学大会前夕，我特意去了莱比锡。那里既是心理学的发源地，也是托马塞洛领导的实验室所在地。会议期间，还特别选听了伯施（Boesch）和托马塞洛关于黑猩猩是否有文化的辩论，从而对托马塞洛教授的观点有了一些了解。而由于大家关心的问题很多是相通的，因此，我们实验室一直跟踪托马塞洛实验室的文献，所以对这些书中提到的实验工作非常熟悉。但这两本小书很多是研究工作的理论总结和思考，包括大量的哲学样论述，所以翻译起来还是感觉艰涩难译。

出于对著述中相关问题的兴趣，我们采取了边学习，边讨论，边翻译的方式来完成这两本小书的文字翻译。两个学习小组成员分别是颜自强、金晓雨、张达和苏彦捷四人小组负责《我们为什么要合作》，而《人类思维的自然史》（*A Natural History of Human Thinking*）则是由苏金龙、姜伟丽、尚思源、刘谨、王宏伟、陈涛和苏彦捷七人小组负责。大家对分章节主译的部分先自行学习，然后在实验室组会上报告，对内容和术语进行讨论统一。考虑术语统一时会借鉴学术论文学术著作中大家都已经认可的约定俗成的译法，对有些看起来像哲学术语的还征求了哲学系老师的意见。此外，由于原著已经发表一段时间了，对其中当时引用的还未发表的论文，我们也都查阅是否已经发表，并用译者注的方式补充完成了更新的文献信息。最后，我通读并校对全文，特别是我有几个最后敲定的译法和小组意见稍有不同，我坚持了己见，所以文责由我来负。

尽管如上所述，我们对这些感兴趣的内容尽可能地在理解的基础上用我们的语言表达出来，但毕竟受我们的学识、对问题的思考和思维方式等的局限，不免会在译文中存在纰漏和错误之处，请各位读者审读并指正。

苏彦捷
2016 年 1 月 31 日

图书在版编目(CIP)数据

人类思维的自然史：从人猿到社会人的心智进化之路 / （美）迈克尔·托马塞洛著；苏彦捷译. —北京：北京师范大学出版社，2017.6
（2021.8 重印）

（心理学前沿译丛）
ISBN 978-7-303-21788-5

Ⅰ.①人…　Ⅱ.①迈…　②苏…　Ⅲ.①发展心理学－研究
Ⅳ.①B844

中国版本图书馆CIP数据核字(2016)第321678号

营 销 中 心 电 话	010－58805072　58807651
北师大出版社学术著作与大众读物分社	http://xueda.bnup.com

RENLEI SIWEI DE ZIRANSHI
出版发行：北京师范大学出版社 www.bnup.com
　　　　　北京市海淀区新街口外大街 19 号
　　　　　邮政编码：100875

印　　刷：	北京盛通印刷股份有限公司
经　　销：	全国新华书店
开　　本：	730 mm×980 mm　1/16
印　　张：	15.25
字　　数：	170 千字
版　　次：	2017 年 6 月第 1 版
印　　次：	2021 年 8 月第 3 次印刷
定　　价：	56.00 元

策划编辑：关雪菁	责任编辑：齐　琳　王星星
美术编辑：王齐云	装帧设计：宋　涛
责任校对：陈　民	责任印制：马　洁